El último invierno

Encarna Bernat Saavedra

El último invierno

Primera edición: Junio 2010

Segunda edición: Abril 2011

Tercera edición: Septiembre 2016

www.encarnabernat.es

ISBN: 9781539847137

A Juan, mi reflejo

A mis hijas Lorena y Marta, mi razón de vivir.

Para José Luis y Eloina, siempre en mi corazón.

A Leonor, in memorian

*C*astillos de tristeza habitados por fantasmas. Cunas repletas de olvido, mares construidos a base de lágrimas desbordantes de dolor, llanto de viejos...

Habitadas en su interior por espectros, almas atrapadas en el pasado, cuerpos que ni siquiera son la sombra de lo que han sido. Frío, mucho frío y soledad, una inmensa y exasperante soledad llenan los días de los que allí habitan.

Te busco entre todos los rostros llenos de amar gura, de arrugas que fueron instalándose por todo el cuerpo. Manos temblorosas, voces apagadas... Miro los cabellos plateados, busco acaso un gesto, cualquier detalle, un perfil. Pero no te encuentro y me desespero, porque veo ojos sin vida, y me miran implorando que llegue el final o acaso una alegría, algo que para bien o para mal, cambie sus vidas y los saque de esta brutal monotonía. Observo sus caras llenas de sufrimiento y mi desespero aumenta porque no te veo. Entonces contribuyo a hacer que ese inmenso océano de lágrimas crezca un poco más, y resbala por mis mejillas un llanto inconsolable. Comprendo que te he perdido, porque aunque te vuelva a ver sé que no me reconocerás, y si lo haces, será tan solo un instante. Sé que no tendré tiempo de decirte nada, y te habrás marchado para siempre, si no lo has hecho ya.

Encarna Bernat

Aquella mañana la televisión anunciaba que la ciudad de Milán amanecía cubierta por un gran manto blanco de nieve. En Florencia, donde yo me encontraba, en cambio, se esperaban fuertes lluvias para el resto de la semana. En aquel momento aquello era la noticia del día, junto al descenso tan brusco de las temperaturas. La enorme avenida era un ir y venir de gente, un mar de caras donde todas las personas a las que veía caminaban abrigadas y con prisa de llegar a donde quisiera que fuesen. Por suerte para mí, era un domingo, no necesitaba salir a ninguna parte. Algo que por otro lado agradecí. Una vez más, me sentía un ser privilegiado. Fuera debía de hacer un frío espantoso, el cristal se empañaba con mi respiración y la calefacción estuvo funcionando toda la noche. Tenía que corregir unos trabajos de la facultad, era una maravilla poder trabajar en casa. El destino me había llevado hasta allí, hasta aquella ciudad a la que tanto quería y de la que me enamoré desde el primer momento en que pisé su suelo años atrás. Florencia tenía magia. Podías pasear por sus calles y respirar el arte por donde fueras, sentirlo allá donde posaras la mirada.

Apagué la televisión y me puse música, esta vez elegí a Chopin. Me relajaba escuchar las notas de su piano mientras corregía. En aquel momento, lejos de España, lejos de todo, me sentía tranquila. Era un día cualquiera, en una vida cualquiera como tantas otras. No tenía nada de especial pero durante mi estancia en Florencia, en el poco tiempo que llevaba, me sentía bien dentro de mi rutina. Tenía mi orden establecido. El apartamento que alquilé, al principio de llegar, estaba cerca de la facultad, lo que suponía una ventaja para mí. Coloqué una taza de café bien caliente sobre la mesa de trabajo después de vestirme con ropa informal, quería sentirme cómoda. Sentada en la butaca comencé a leer las recensiones de la asignatura de Arte de segundo curso; el tema era libre, solo pedía que estuviera relacionado con la pintura. En caso de ser italiana, la época que pedía era el Renacimiento; también les di la opción a mis alumnos de poder escoger algún pintor español.

Cuando llevaba ya un buen rato sumergida corrigiendo trabajos, me quedé sorprendida. De entre todos mis alumnos solo uno de ellos había hecho el trabajo sobre Velázquez, el titulo era «Lo feo y lo grotesco en la obra de Velázquez», de Kiara Carrici.

Aquel trabajo llegó a mis manos, y hubiera sido uno más, si ese no fuera el título de mi tesis doctoral. Respiré hondo y me quedé mirando las letras como si intentara buscar un significado a todo aquello. Aquel trabajo, que ahora tenía ante mis ojos, me había devuelto a una realidad hasta entonces casi olvidada para mí.

El escrito era de Kiara, una de mis mejores alumnas. Pasaron unos minutos y volví a la realidad sintiendo las lágrimas resbalar por mis mejillas. La música seguía sonando, me quedé pensativa. La vida continuaba. Nada se había detenido, ni en aquel momento ni en ningún otro. Fuera, en la calle, la lluvia persistía, cada vez lo hacía con más fuerza, golpeando constantemente los cristales. La avenida era un ir y venir de paraguas, predominaban los colores típicos de aquellos días de frío tan característicos, el marrón, el gris y el negro sobre todo. Atrás quedaban los días de primavera donde todo se engalana, las gentes con colores llamativos, los escaparates, hasta el cielo se vestía de un azul más intenso en aquella época del año. La ciudad entera se llenaba de vida e invitaba a caminar por cualquier calle y disfrutar de la buena temperatura. En cambio, ahora parecía adormecida o recién acabada de levantar. Los días son más oscuros en invierno, la gente sonríe menos. ¿Qué había sido de mi vida? Por primera vez en mucho tiempo me di cuenta de lo deprisa que pasa todo; cuando nos parece que el dolor se va a instalar para siempre en nuestras vidas, y en cierta manera así es, te das cuenta de que ya todo ha pasado y de que nada volverá a ser igual que antes. Llevaba ya unos meses en Florencia y ver el trabajo de mi alumna sobre la mesa me hizo pensar, me hizo recordar lo que viví poco antes de dejar España…

T odas las mañanas subía al tren que me llevaba de camino a la ciudad, para más tarde coger el autobús con objeto de llegar hasta la universidad. Recuerdo las mañanas de invierno de pie, esperando a que llegara la locomotora que me llevaría a otra provincia, lejos de mi ciudad. Recuerdo los madrugones para poder asistir a las clases que tenía a primera hora.

Mi universidad tenía buena fama en cuanto a su nivel académico. Y así, el tiempo que duró mi formación universitaria, día tras día, mi vida transcurría entre la estación de tren y la facultad, donde pasaba casi todo el tiempo entre clases, trabajos y tutorías, con las pertinentes colas en la puerta del despacho del profesor de turno. El ferrocarril siempre me ha hecho recordar cosas que, si bien nunca he olvidado, han permanecido bajo el efecto de la ensoñación. Le recuerdo como si fuera ayer mismo. Sobre todo, cuando escucho el sonido de algún tren en la lejanía acercarse hasta mí. Le recuerdo de pie con el silbato en sus grandes y fuertes manos. Su uniforme siempre impecable.

Mis padres tuvieron que cambiar de ciudad por razones de trabajo, así que las vacaciones las pasábamos con mis abuelos maternos. Recuerdo el olor a aceite de oliva impregnando toda la casa, la tibieza de aquellos cuerpos cargados de años, ¡con qué amor y con qué ternura nos abrazaban cuando llegábamos! Todo se llenaba de risas, de alboroto infantil. Pasar las vacaciones con ellos era como visitar otro mundo, acostumbrada como estaba yo a vivir en la ciudad. Allí todo cobraba nuevas dimensiones. La vivienda de mis abuelos era la típica casa valenciana, tenía dos alturas, a mí me parecía que era la más grande y bonita del pueblo. Cuando llovía, mi abuela solía poner una madera para que el agua no de colase adentro.

Mi abuelo trabajaba en los ferrocarriles, era capataz. Nos decía, sin nosotros comprender el significado, que prefería el humo a la escarcha. Con el tiempo supe que cuando nevaba, y en Bañeres por aquel entonces nevaba mucho, él tenía que salir con sus trabajadores a despejar las vías para que el tren pudiera pasar sin ningún tipo de problema. Le recuerdo con el rostro serio, pero aunque estuviera cansado, siempre tenía una sonrisa para mí y yo lo quería, no solo por eso sino por muchas cosas más. Siempre que iba al pueblo a pasar unos días con ellos, al doblar la esquina, allí estaba él esperándome con una enorme sonrisa dibujada en la cara. A mí me parecía que aquella sonrisa llenaba todo mi universo infantil. Que la calle se hacía más grande cuando le veía frente a mí, sonriendo. Llegó el día en que no había nadie. Nadie aguardaba mi llegada en la esquina como siempre. Entonces me di cuenta de que nunca más volvería a verle. Y aquel día, simplemente me hice mayor. Supe lo que aquello significaría a partir de ahí en adelante en mi vida. Desde entonces, cada vez que subo a un tren no puedo evitar acordarme de mi abuelo, de todo lo que me enseñó, de lo mucho que aprendí a su lado.

En el vagón, los días que el tren no iba muy lleno, me dedicaba a leer o a repasar algunos textos que más tarde debatiríamos en clase. A veces, era del todo imposible poder sacar siquiera una hoja de papel, el tren iba atestado de gente y apenas si podía moverme. Mucho menos sacar apuntes. Pero cuando la afluencia de gente no era excesiva, cosa que solía ocurrir a la vuelta de las clases, lo podía permitir y me venía muy bien ese pequeño desahogo. Recuerdo perfectamente el libro que comencé a leer en primero de carrera, lo vi recomendado en una revista literaria, El magazine cultural. Me pareció muy interesante, así que decidí acercarme a mi librería de siempre y comprarlo. Muy pocas veces adquiría libros fuera de allí, me gustaba el trato de los dependientes y casi siempre que me aconsejaban una obra, daban en la diana. Los libros estaban colocados en los estantes, por temática. Las novedades se apilaban unas sobre otras en montones bastante considerables. Los muchísimos ejemplares se encontraban colocados en dos columnas enormes giratorias situadas una frente a la otra. Aquel olor a papel me encantaba, aspiraba su aroma y me hacía sentir bien. El libro en cuestión era uno de relatos, el único que he releído en toda mi vida. La tercera narración me gustaba especialmente. Se titulaba Luisa.

ne

lgo se rompió dentro de ella aquella mañana, comprendió que su vida estallaba en su interior en mil pedazos, era como si hasta aquel momento, no se hubiera parado a pensar en nada. De repente se estremeció ante la clara visión de cuanto sucedía a su alrededor, solo entonces se dio cuenta de que era vieja. Era como si hasta aquel instante no tuviera conciencia de que había envejecido. Veía pasar el tiempo pero no se daba cuenta de lo deprisa que pasa la vida, más deprisa de lo que en realidad nos gustaría. Se le había oscurecido por momentos la luz del día, la débil luz de aquella mañana lluviosa, triste, como ella. Se sintió más torpe que de costumbre. Cogió su bata azul colgada en una percha de madera detrás de la puerta, se calzó las pequeñas zapatillas de lana, forradas de blanca piel de borrego, se puso la bata, la sujetó cruzada con una mano, con lo que se sintió confortable y arropada, y se dirigió a la cocina para desayunar. Por un momento se quedó indecisa, se lo pensó mejor y decidió asearse un poco primero. Abrió la puerta del armario blanco colocado encima del pequeño lavabo, sacó el cepillo ya desgastado por el uso y cuando volvió a cerrar la puerta tuvo ante sí la imagen de una desconocida que se parecía algo a ella pero que era imposible pensar siquiera que fuese la misma persona.

Cuando Luisa se miró en el espejo, su rostro quedó desencajado, tenía frente a ella a una mujer vieja, sus ojos estaban rodeados de aquellas arrugas que se habían ido uniendo a ella con el paso del tiempo, y ya no reflejaban el brillo de antaño. Su mirada se le había ido apagando poco a poco, no había ni tan siquiera una chispa de luz. Sus labios, antes firmes y sonrosados, tiernos, eran ahora secos y estaban agrietados por el frío. En las comisuras surcaban varias arrugas que se acentuaban al sonreír. Tenía frente a ella a una desconocida. Su frente ceñuda marcaba, al igual que el resto de su cara, las expresiones cotidianas; los días de vino y rosas se habían terminado para ella. En un instante llegó hasta ella la fugaz visión de toda su vida resumida en los hechos más importantes, ante ella volvió la imagen de una Luisa de largas trenzas y cara pecosilla, una niña de ocho años de piel suave y tersa. Olió el aroma de la ropa acabada de planchar. Recordó la escena familiar del desayuno, el olor a tostadas recién hechas, el fuerte aroma del café.

Se deslizó hasta ella la visión de los campos de trigo meciéndose al compás del viento, sintió en su piel las sábanas blancas que su madre usaba en todas las camas de la casa. Qué frías estaban al entrar en contacto con ellas. Volvió a su memoria toda su infancia y toda su adolescencia, sintió las prisas por no llegar tarde al colegio, colarse el frío en sus piernas a través de los agujeros en sus calcetines, y el uniforme, aquel sencillo uniforme a cuadros rojos y azules hecho de paño. En la imagen del espejo Luisa ya era toda una mujer a los dieciocho años. Habían pasado diez y había desaparecido el uniforme; aún era joven, pensó. Se veía reflejada, sus trenzas habían desaparecido, su pelo era largo y lacio, tan rubio como lo había sido siempre. Su piel seguía siendo suave y tersa como la de cualquier chica de su edad.

Recordó la impaciencia ante la espera de las amigas que se retrasaban, las risas, la despreocupación, la fantasía, el no tener apenas tiempo para nada, el no parar en casa, los sueños propios de esa edad, tantas y tantas ilusiones, sin saber que muchas de ellas se quedarían en el camino junto con tantos y tantos sueños. Recordó la primera cita y los nervios a consecuencia de ella, el primer beso, la primera caricia a escondidas de los ojos maliciosos de la gente; sintió por primera vez el calor de otro cuerpo adentrarse en el suyo, invadirlo súbitamente, el primer sentimiento de una mujer. Aquella Luisa se casó y ante el espejo se reflejó la felicidad. Acto seguido aquel reflejo desapareció para ver en él la angustia al saberse estéril. Se sintió como un libro sin páginas, desgraciada y hueca como una muñeca de cartón. A Luisa se le escapó el tiempo de las manos, algo se quebró en su interior, llegó el vacío, y la incomunicación llenó por completo su vida y ocupó enteramente sus días. Dejaron de amarse dos personas para reprocharse el uno al otro las faltas de cada cual. Al morir su marido se volvió a ver ante el espejo con treinta y nueve años y viuda. Recordó los días llenos de soledad, los paseos en el parque viendo caminar a las madres con sus hijos, a las parejas amándose en cualquier lugar, ocultos de las miradas curiosas. Recordó todos los paseos de vuelta a casa sola, siempre sola. Le acudieron a la memoria los días llenos de silencio y risas ahogadas de no saber qué hacer y de no decir nada, y tan fugaz como vino se fue aquella esporádica visión; se miró sin apenas parpadear y volvió a ver a aquella mujer sin rostro definido, sin llegar a creer que algo tan real como la vida misma le podía estar pasando a ella. Su rostro ahora era seco y el tiempo había esculpido en él la huella de su paso. Su pelo, blanco y corto; sus largas trenzas habían desaparecido. Levantó la vista y en tono altivo miró su propia imagen por encima del hombro. Aquel horrible reflejo salió del pequeño cuarto de baño y de camino al comedor se quedó pensativa. Con la mano izquierda descorrió la cortina para dejar al descubierto uno de los grandes cristales del venta- nal. Seguía meditativa mientras miraba tras el cristal cómo la lluvia caía incesantemente, las hojas de los árboles se agitaban al viento en aquella fría y gris mañana de otoño. Se empañó el cristal debido a su respiración, sintió frío y se estremeció, alzó la mirada al cielo gris y plomizo, se quedó embelesada mirando por completo aquel fascinante entorno y alcanzó a comprender que había llegado su hora.

Sí, a ella también. Se sintió preparada para emprender el vuelo. Dos lágrimas rodaron por sus mejillas y al caer al suelo se convirtieron en dos rosas blancas. En ese instante, embargada por la felicidad de cuanto le sucedía en aquel momento, comprendió que nunca había estado sola, si acaso ciega ante su egoísmo. Su rostro había adoptado una expresión de dulzura, por un instante sus ojos volvieron a brillar como antaño y lanzando un pequeño suspiro se fue en busca de su jardín y no paró hasta llegar a encontrarlo, convirtiéndose ya en parte de él para siempre. Dos días después la asistenta encontró a Luisa, en un sillón del comedor, muerta, con una sonrisa en los labios. A sus pies había dos pequeñas rosas blancas, en la mano le quedó el viejo cepillo desgastado por el uso diario, nunca volvió a ver la asistenta de Luisa flores más hermosas que las que encontró junto a aquel pequeño cuerpo sin vida; eran parte de ella, de Luisa.

M e gustaba mirar por la ventanilla, ver el paisaje, admirar los almendros en flor, los campos se llenan de verde, rosa o incluso de blanco y ofrecen una visión maravillosa al observador. Veía pasar las diferentes estaciones que encontraba hasta llegar a mi destino. A veces, repletas de gente dependiendo del día que fuera. Personas que al igual que yo se disponían a subir al tren con el ánimo de ir a sus trabajos de la forma más cómoda, otros irían a la universidad, también veía mujeres que simplemente iban en tren al mercadillo que ese día ponían en el pueblo de al lado. Contemplaba las casas con sus ventanas abiertas algunas, otras a medio abrir, con las persianas subidas o a medio bajar, con la ropa tendida. Me imaginaba como sería la vida diaria de esas personas que las habitaban, su día a día.

Después de la tercera clase, en primero de carrera, siempre íbamos al bar a desayunar, la asignatura que teníamos a continuación no era de las fuertes, así que aprovechábamos para tomar un tentempié y hacer vida estudiantil, es decir, contarnos nuestras cosas del fin de semana o lo que es lo mismo, lo que para muchos es nada. No debíamos ser los únicos porque el bar de la facultad estaba repleto a esas horas. Los alumnos nos sabíamos aquel camino de memoria, entrando a la izquierda, justo antes de llegar a reprografía, allí mismo estaba el bar de la universidad. Una de tantas mañanas en que nos adentrábamos en aquella especie de torbellino succionador que era aquella cantina de la facultad, lo encontré con la mirada. Nada más verlo me enamoré de él, fue amor a primera vista. Ahí estaba, tan alto, con esos ojos verdes que ejercían un efecto balsámico con solo mirarle. Su piel era blanca y el color de su pelo, negro, creo que sintió mi mirada porque de repente se giró y aunque intenté desviar la vista hacia otro lado, no pude, mis ojos se quedaron clavados en los suyos y nos miramos durante unos segundos. A partir de aquel día nos vimos todas las mañanas en el bar y cuando alguno de los dos tardaba más de lo acostumbrado en aparecer, el otro lo buscaba con la mirada. Ese momento se había convertido en el más importante para mí.

Una mañana, después de una exposición en clase, me había puesto tan nerviosa que tuve que salir fuera del aula porque no aguantaba la presión del ambiente, el profesor era tan duro que se me había formado una bola en la boca del estómago, pensé que ausentarme del aula me ayudaría a relajarme. Quise bajar al servicio de reprografía para recoger unas fotocopias y aquel era el mejor momento; había clases y no tendría que hacer mucha cola. Justo cuando me disponía a salir del ascensor casi me doy de bruces con él. Me puse todavía más nerviosa y el corazón me dio un vuelco al verle. Nos miramos y por fin escuché su voz por primera vez.

—Hola. ¡Casi me atropellas!

—Lo siento, es que estoy algo nerviosa, acabo de exponer un trabajo y la verdad es que nunca me termino de acostumbrar.

—¿En qué curso estás?

—En segundo.

—Bueno, tú tranquila, para cuando llegues a quinto lo habrás superado.

—Entonces todavía me queda por pasarlo mal.

Mirándome fijamente a los ojos me preguntó:

—¿Oye, cómo te llamas?

—Me llamo Irene.

—Tienes un nombre precioso, Irene.

—Gracias —respondí—. ¿Y tú, cómo te llamas tú?

Había muy poca gente por los pasillos a esa hora, casi todo el mundo andaba en clase menos algunas almas perdidas como nosotros.

—Me llamo Álex.

—Álex, —repetí en voz baja.

—Hace días que quería hablar contigo pero siempre vas acompañada...

—Sí, bueno, mis compañeros y yo casi somos inseparables, hasta que los suspensos nos separen — dije mirándole a los ojos—. De momento parece que nada de eso va a ocurrir.

—Llego tarde a un examen.

—Bueno, mucha suerte.

—Gracias, la voy a necesitar. Estaba pensando...

¿qué te parece si quedamos luego, podríamos comer juntos? Yo termino a las tres.

—Yo también termino a esa hora —mentí.

Pulsó de nuevo el botón del ascensor porque mientras hablábamos había subido de nuevo.

—¿Te apetece? Me gustaría hablar contigo con más calma —dijo con aquella enigmática sonrisa.

—De acuerdo. Nos vemos entonces en el bar a esa hora. El que antes llegue espera al otro ¿vale?

—Hecho. Hasta luego entonces.

Cuando eres joven crees que todo lo puedes cambiar; tienes esa inocencia, un brío que con los años va desapareciendo sin que uno se dé cuenta. Ahora recuerdo aquella época de mi vida con cierta nostalgia, eran tiempos felices, nada era más importante que el valor de la amistad, las clases. Éramos invencibles y podíamos con todo. Algo nació entre nosotros mientras tomábamos café en el bar de la facultad y charlábamos sobre nuestras cosas. Nos enamoramos entre apuntes de Arte, de Literatura y de Filosofía, poco a poco nos hicimos inseparables y, sin darnos cuenta, ya no podíamos pasar el uno sin el otro. Recuerdo nuestro primer beso, hacía un día estupendo, la primavera se colgaba de los balcones y una suave brisa mecía las verdes hojas de los árboles del paseo. La temperatura era ideal, se estaba bien, sin agobios, nada del calor sofocante que se dejó sentir el año anterior por las mismas fechas. Paseábamos cogidos de la mano por el campus. Caminamos por el paseo sin soltarnos ni siquiera un instante, como si tuviéramos miedo de perdernos el uno sin el otro.

A veces dejábamos transcurrir largos silencios, solo pensando en nosotros, sintiendo esa sensación del primer amor que con el pasar del tiempo ya no vuelve. El cielo parecía de un color más intenso, adornado por blancas e hinchadas nubes como las velas de un barco en alta mar. La percepción de la realidad cambia cuando uno se enamora. El tiempo pasa más rápido o más lento dependiendo de si estás al lado del ser que amas o si, por el contrario, te encuentras lejos de él.

Al salir ya era de noche y me acompañó hasta mi casa, fue al despedirnos cuando Álex se quedó serio. Me acarició lentamente el óvalo de la cara, yo sentí un escalofrío que recorrió todo mi cuerpo en décimas de segundo y supe que quería besarle, aquel fue el primer beso de mi vida y el mejor. Sentí cómo se detenía el tiempo, cómo nada importaba más que nosotros dos, fue un beso cálido, lento. Me sostuvo entre sus brazos. En aquel instante todo cobraba otra dimensión, al menos para mí. Al separarnos, sentí que quería pasar el resto de mis días con él, y supe que estaría a su lado lo que duraran nuestras vidas. Nos despedimos diciendo simplemente hasta mañana.

N o sé durante cuánto tiempo estuve absorta en mis pensamientos recordando todo lo que viví tiempo atrás, ahora me quedaba tan lejano todo aquello... debió de ser un buen rato. Ladeé la cabeza; tenía las cervicales cargadas por la postura de tantos años de estudio, me sentí triste, muy triste. Recordé mi vida y pensé en él, no sabía cómo vivir sin su sonrisa. Pero todo había cambiado, ya nada tenía sentido para mí, me sentía una fracasada. Me costó mucho volver a ser yo, aunque desde entonces solo soy la sombra de lo que fui en un tiempo pasado. Me enderecé y seguí con mi trabajo, todavía me quedaba tanto que corregir...

Los días se sucedían dejando paso a las semanas y estas, a los meses, y cuando quisimos darnos cuenta, habíamos terminado nuestras carreras. Decidí seguir estudiando. Quería ser profesora.

Álex se licenció un año antes que yo. También tenía claro que quería ser profesor, así que nos apoyamos mutuamente. Pasamos cinco años más de nuestra vida haciendo el doctorado, parecíamos auténticas ratas de biblioteca, esos años trascurrieron rápido a pesar de que en aquel momento no nos diésemos cuenta.

Gracias a nuestras notas y a una beca que nos concedió la universidad conseguimos empezar a hacer nuestro propio currículum. Almorzábamos en el despacho que nos habían asignado, redactando artículos para la revista de la facultad. Todo nuestro universo giraba en torno al estudio y al sacrificio para poder dar clases algún día en la misma universidad donde tiempo atrás habíamos sido estudiantes, o en otra; nos daba igual. Lo único que realmente nos preocupaba era poder dar clases en un futuro no lejano. Después de todo aquello, decidimos opositar y aunque a mí me costó un poco más que a Álex conseguí, al igual que él, la plaza de profesora titular en la universidad de Valencia. Aquel día, después de conocer la noticia salimos a cenar. Fuimos a un pequeño restaurante que quedaba bastante céntrico. Nada especial por fuera, en cambio su interior era espectacular: las paredes estaban revestidas de madera noble, las mesas eran cuadradas y tenían las patas torneadas, las sillas eran castellanas con grabados en la madera del respaldo, tapizadas en color burdeos. En el centro de cada mesa había colocado, de manera estratégica, una copa con una vela encendida flotando sobre agua y flores de colores muy alegres. Estábamos tomando el café, siempre nos gustaba charlar frente a una taza, creo que en nuestro tiempo de estudiantes tomamos tanto café... cuando Álex me dijo con un tono muy serio (era el tono que tenía cuando iba a decir algo importante):

—Sabes que te quiero con toda mi alma, cásate conmigo, Irene.

Me miraba fijamente a los ojos.

—Me has dejado sin habla.

—De eso se trata, imagínate, si no, no tendría gracia.

—Claro que quiero casarme contigo, nada me haría más feliz en la vida.

Fuera hacía una noche de miedo, el viento se oía a través de las ventanas y la lluvia arañaba los cristales, no se veía un alma por la calle y se avecinaba una tormenta descomunal. Aquel estaba siendo un invierno muy lluvioso. Al llegar a casa, hacía frío y los dos nos arrebujamos debajo de la manta de lana color azul que mi madre me había tejido y que me traía suerte antes de un examen. Aquella noche también me trajo suerte.

Nos quedamos abrazados un buen rato, sin hablar, simplemente viendo caer la lluvia a través de los cristales, oyendo su sonido al golpearlos y escuchando en la lejanía acercarse los truenos, la luz estaba a punto de irse, sufrió varios apagones hasta que, finalmente, nos quedamos completamente a oscuras. Hubiera querido que el tiempo se parase eternamente, que no amaneciera para no tener que separarnos el uno del otro, me sentía pletórica, repleta de felicidad.

Recuerdo perfectamente aquel momento, uno de los más importantes de mi vida. Ahora quedaba tan lejano… parecía como si todo hubiera sido un sueño, algo que nunca ha sucedido.

Nos quedamos mirando a través de las ventanas, en silencio, oyendo la respiración del otro, sintiendo que nada era más importante que estar en aquel lugar. Vivíamos de prestado en un modesto piso de alquiler que pagábamos gracias a nuestras becas y a los trabajos extra de traducción que realizábamos en algunas editoriales. No pagaban mucho, pero entre los dos reuníamos lo suficiente para poder salir adelante, eso sí, sin grandes lujos. No podíamos permitirnos ningún exceso. Todo nos iba a salir bien porque nos queríamos, teníamos un futuro brillante por delante y toda la vida para compartir juntos.

La vida en Florencia era muy diferente a la que llevaba en España, por muchos motivos. Uno de ellos es que yo quería que fuese lo más diferente posible y me esforzaba en que así fuera. Me gustaba que no se pareciera en nada a todo lo que había vivido con anterioridad. Nadie me preguntaba nada sobre mi vida, era una completa desconocida. Todo era nuevo para mí, en España no podía dar un paso sin que algo o alguien me recordaran a Pablo, mi hijo Pablo y, por extensión, a Álex. Se me hacía muy raro pensar en mi hijo en pasado, la pena se había instalado en mi vida, el sentimiento de desesperanza llegaba a veces a consumirme y mis pasos, más de una vez, me llevaban a ver a mi hijo, a ver una foto, fría. Nunca más volvería a sentir la tibieza de su pequeño cuerpo, nunca más le acunaría entre mis brazos, nunca más… me di cuenta de que había demasiados nunca más, necesitaba huir de allí, marcharme lejos al menos por un tiempo y ver si era capaz de retomar mi vida, y entonces surgió la oportunidad, me vine a Florencia.

El piso en el que vivía era bastante pequeño, nada que ver con la casa de Valencia, pero era mi refugio en aquel momento.

Sobrevivía como podía a la suerte que me había tocado. En Florencia todo era tan diferente... la gente hablaba un idioma distinto, la comida tenía otro sabor, muchas cosas cambiaban pero era como estar cerca de casa.

Mi piso, que además de pequeño apenas tenía pasillo, era todo exterior; cuando lo vi, me enamoré de él. El edificio era bastante singular, al menos a mí me lo parecía con aquel almohadillado tan típico en las esquinas. Me llevé mis objetos personales de más valor, y alguna lámina de Leonardo y Mantegna, entre otros. Eran ilustraciones de imitación, que había ido comprando en mis viajes. Hice que me enviaran mis libros desde España, eran una visión necesaria para mí. Con el paso del tiempo llegué a comprar más lienzos en Florencia, pero eso fue antes de que prohibieran la venta ambulante. La persona que comprase cualquier imagen, de forma ilegal, se arriesgaba a ser denunciada por la policía. Contemplar las láminas que pude adquirir, surtía en mí un efecto tranquilizador.

Los libros vivían conmigo amontonados en estanterías que aguantaban su peso estoicamente. No podía retener el impulso que sentía de seguir comprándolos. En mis estanterías aguardaban a ser leídos no solo los tomos de Arte para mi trabajo de investigación en la universidad; tenía en mi poder ejemplares de Irene Nemirovski, Joseph Roth y Thomas Mann, entre otros. Me había dejado en España toda la obra de Zweig. Era mi escritor de culto.

En Florencia me sentía a salvo de todo. Al llegar la primavera me gustaba comprar flores en la plaza que había muy cerca de casa y decorar con ellas la mesa del comedor, se marchitaban enseguida pero así tenía un pretexto para salir a pasear y no estar absorta siempre en el trabajo. El mobiliario del piso era escaso. Tenía lo necesario para sentirme a gusto, sin grandes ostentaciones; un equipo de música, un sofá de color mostaza, la mesa con cuatro sillas de madera y en el otro lado del sofá, una mesa mayor que la anterior con mi portátil sobre ella. En la habitación, una cama grande con un gran cabezal de hierro forjado, dos mesitas de madera de roble y un armario lo suficientemente espacioso para colocar toda la ropa que necesitaba. El ordenador era mi herramienta de trabajo. Sentada sobre la silla giratoria pasaba horas y horas leyendo las recensiones de mis alumnos, preparando las clases de la semana o dedicándome a escribir artículos que mandaba desde Florencia para la revista de la universidad de Valencia. Siempre que escribía un artículo, lo hacía sobre pintura o arquitectura. Era poco común en mí escribir sobre escultura, aunque alguna vez, con menos gusto, también lo hice. La televisión que había enfrente del sofá apenas si la veía un rato. Tenía una de esas pantallas de plasma, bastante grande, pero aun así no llamaba mi atención en absoluto, solo prestaba atención a las noticias meteorológicas, igual que hacía en España. Me gustaba saber qué día saldría a la mañana siguiente para poder sacarle a Pablo ropa de más abrigo en caso de que fuera a hacer frío. Ahora ya no era necesario, pero seguía conservando aquella pequeña costumbre a pesar de que él ya no estaba conmigo. El hecho de leer aquel trabajo me dejó intranquila, viejos fantasmas acudían a mi mente y me llenaban el espíritu de inquietud. Mi ánimo decayó por momentos y no tuve fuerzas para seguir corrigiendo durante más tiempo en aquel frío día de otoño. Fui lentamente a la cocina y me preparé un capuchino bien caliente y rebosante de espuma, sin nata. Volví al comedor con la misma lentitud que lo había abandonado, cogí el mando a distancia de la televisión y me dejé caer en el sofá.

Al principio no tenía ánimo para nada y solo iba del piso a la facultad, con paso lento, como si toda la ropa que llevaba puesta me pesara una tonelada, a veces, arrastrando los pies al caminar, sin darme apenas cuenta del cambio que se había operado en mi persona. Me encerraba en mi mundo, rodeada de vendas para lamerme las heridas y después curarme yo sola sin la ayuda de nadie.

Los días se sucedían unos a otros, lentos, pesados. Se amontonaban en el calendario como las piedras lanzadas detrás de una pared. Mis días en la facultad de Florencia se sucedían, sin más.

—Irene, ¿vienes con nosotros a tomar algo? —me dijeron cierto día un grupo de profesores.

—Sí, en cinco minutos nos vemos allí.

El bar de la facultad siempre estaba lleno, sonreí:

«hay cosas que no cambiarán nunca», dije para mis adentros.

—Un café solo manchado de leche, por favor.

—¿Qué tal las clases? ¿Cómo van los alumnos?

—Bueno, no tengo mucho que contaros, ya sabéis, lo mismo de siempre. Oye, ¿a vosotros os escuchan a primera hora? Yo tengo la sensación de que todavía están bajo las sábanas.

Mis compañeros y yo a menudo hablábamos de lo difícil que resultaba, a veces, captar la atención del alumnado.

Aquel día, de vuelta a casa, una vez finalizadas las clases, durante mi habitual paseo pensé de nuevo en cómo había conocido a Álex. ¿Qué nos había pasado? Siempre creí que envejeceríamos juntos, que pasaríamos el resto de nuestras vidas el uno con el otro y de repente un buen día todo se rompió, apenas tuvimos tiempo de reaccionar, no pude hacer nada para evitar sentirme como me sentía.

Kiara, con aquel trabajo, me había devuelto una parte de mi pasado, la cual, si bien no podía soportar, en el fondo de mi corazón no quería olvidar. Curiosa muchacha, Kiara. Llevaba unos días sin ir a clase, pero al principio no le di mayor importancia.

Tomé la decisión de marcharme lejos de casa, lejos de todo y fue algo difícil hacérselo entender a mi familia, sobre todo a mis padres, ellos se lo tomaron de una forma distinta a los demás. No entendieron mi postura, nadie en mi familia lo hizo.

—Me gustaría que lo entendierais, no puedo seguir aquí —les dije mientras esperaba que me comprendieran, en el fondo esperaba que lo aceptaran, para mí era importante, necesitaba que me apoyaran.

Mi madre se mantuvo callada durante un rato, después, transcurrido ese tiempo que a mí me pareció eterno, me miró a los ojos con los suyos a punto de caerle las lágrimas y me dijo:

—Pero si te vas, ¿piensas volver? ¿O vas a dejarlo todo? ¿No vas a luchar ya? ¿Te das por vencida?

—No, mamá, pienso volver. Pero no sé cuándo.

Mis padres se miraron y después me miraron a mí, tenían mucha tristeza en sus ojos y el semblante muy serio. Habían perdido a su nieto y ahora perdían también a su hija y a su yerno.

—No puedo ausentarme más tiempo del que me han concedido para mis clases, de momento voy a estar fuera un año.

Mis padres envejecieron un siglo cuando terminé de pronunciar estas palabras, se habían ido encogiendo poco a poco. El silencio se fue apoderando de la habitación.

Mi madre me dijo entonces, con un hilo de esperanza en la voz, aunque sabía que yo no aceptaría:

—Vente aquí con nosotros.

—Pero mamá, no sé qué es peor, si estar en mi casa o venir aquí, sus juguetes, sus cosas, todo me sale al encuentro. No puedo, se me cae la casa encima.

—Irene, ¿y por qué has dejado a Álex? ¿No crees que has sido muy dura con él? Date tiempo, es todo muy reciente.

—No lo sé, solo sé que hemos cambiado. Ya no vemos la vida de la misma forma. Además, él se ha tomado todo este asunto de una manera que yo no puedo soportar. Sé que tienes razón, pero no sé si voy a poder con todo esto, mamá. No quiero oír la palabra leucemia jamás en la vida. No es justo y lo sabéis. Mi decisión está tomada.

Mi tono empezaba a elevarse y cada vez me ponía más nerviosa, mis padres se daban cuenta de ello, por eso no querían forzarme. Simplemente me escuchaban, con todo el cariño de que eran capaces, con la derrota del que sabe que ha perdido su partida. Perdida de antemano.

—No soporto a la gente siempre mirándome con cara de pena, pensando: «Pobrecita... ¿Y ahora qué?». No puedo, es superior a mis fuerzas. No sé cómo encontrar la manera de poner mi vida en orden. De verdad que no lo sé, y no quiero perder la razón. Echo de menos a Pablo, cada segundo de mi vida, echo de menos sus risas, las oigo por toda la casa, por la noche, me despierto y le oigo llamarme, noto su presencia a mi lado. Si sigo así me voy a volver loca.

El aeropuerto me pareció en aquel momento de mi vida el lugar más seguro del mundo, estaba rodeada de gente que no me conocía de nada y a la que yo tampoco conocía. Miré el panel de vuelos y consulté el reloj de muñeca dorado, con su esfera rectangular, que me había regalado Álex en mi último cumpleaños. Faltaban todavía dos horas para que mi avión despegara. Me senté en unos bancos grises de metal que había frente al embarque de pasajeros, no estaba segura de si debía embarcar por aquella entrada, pero tenía tiempo más que suficiente para averiguarlo. Me quedé sin más, viendo pasar a la gente, cada uno llevaba su mundo a cuestas. Observé durante un rato a la dependienta de la joyería que tenía enfrente mío, se colgaba una falsa sonrisa cada vez que alguien entraba en la tienda y si no le compraban nada, la cara que ponía los hacía salir a la velocidad del rayo, era una cara de antipatía sin disimular, de esas que prefieres perder de vista cuanto antes.

El tiempo que estuve esperando para embarcar lo dediqué a observar sin más a toda aquella gente, preguntándome la clase de vidas que llevarían, quiénes eran. De esa manera distraje un poco la mente de mi drama particular, hasta que una voz extraña, metalizada, sin el calor de la vida, anunció que ya se podía embarcar para mi vuelo. Me levanté con tranquilidad y comencé a caminar hacia la azafata que tenía a unos metros frente a mí. Ya había facturado mis maletas, y cuando crucé el cordón para poder subir al avión escuché una voz que me llamaba.

— ¡Irene!

Sabía que era él. Mi corazón me dio un vuelco y giré sobre mis pies lentamente.

—¿Qué haces aquí? No me lo pongas más difícil. Por favor.

—Pero, ¿acaso no te das cuenta de que no te puedes pasar el resto de tu vida huyendo de la realidad?

—Mira, yo no sé si puedo pasarme el resto de mi vida huyendo de la realidad o no, pero si de algo estoy segura es de que tú me recuerdas esa realidad y no quiero estar cerca de ti, no quiero formar parte de nada que tenga que ver contigo.

Álex se quedó mirándome, sus ojos reflejaban tristeza, mucha tristeza, y su cara denotaba cansancio, debajo de sus parpados unas bolsas de color violáceo, hinchadas, daban a entender que hacía mucho que no dormía bien. Estaba cansado y yo lo sabía. Sus movimientos eran lentos, pesados como las piedras. Había desaparecido aquel Álex vital al que yo conocí tiempo atrás, aquel hombre brillante que en todas las conversaciones acaparaba la atención y todo el mundo terminaba escuchándole solo a él. Había desaparecido aquel hombre al que tanto quise, frente a mí tenía a un ser que me era totalmente desconocido. Parecía un viejo, que llevara todo el peso del mundo sobre sus hombros, simplemente.

—¿Tanto me odias?

—Sabes que no te odio. No es eso.

—Entonces, si no es eso, ¿qué es? ¿Quieres decírmelo?

Yo empezaba a ponerme nerviosa, me cansaba tanta pregunta, siempre hablar de lo mismo, estaba todo hablado pero Álex no aceptaba la realidad y yo ya no podía más, quería escapar, marcharme de una vez por todas de allí, poner fin a aquella conversación absurda.

— ¿Dónde está aquella mujer llena de vida, dispuesta a darme siempre cariño? ¿Dónde está mi amor de juventud?

—Enterrada junto a su hijo, ahí está la mujer que buscas. Estoy enterrada junto a mi hijo, así que no vuelvas a decirme que la enfermedad avanzaba, que el médico nos había avisado en todo momento de lo que iba a ocurrir, que no había ningún donante de médula. Me lo sé todo de memoria paso por paso.

—Es inútil, ¿verdad? No me vas a perdonar nunca.

—¿Pero cómo puedes tomarte la muerte de tu hijo de esa manera? Te juro que no te entiendo.

—Irene, es una pena que no haya sido yo, en vez de Pablo.

Sus ojos se llenaron de lágrimas al igual que los míos. Nos miramos los dos con mucha pena, yo sentía dolor, mucho dolor y sabía que no sería capaz de perdonarle. Tenía mucha rabia acumulada en mi interior. Ya nada para mí tenía sentido, al menos no como antes. Todo carecía de importancia. Ahora solo podía sobrevivir. Le miré con tristeza y sin decir adiós di media vuelta comenzando a caminar sobre mis pasos.

—Te esperaré siempre, ¿lo oyes? Algún día podrás perdonarme, sé que lo harás, no me importa cuánto tiempo tenga que esperar, te amo y la distancia no va a cambiar eso. Te quise desde el primer momento en que te vi.

Me dolían en lo más profundo de mi ser aquellas palabras. Caminé ligera por los pasillos del aeropuerto cuando escuché a través de los altavoces el anuncio del embarque para mi vuelo. Sabía que todo se había perdido para siempre. Ahora mis lágrimas eran un torrente desbordado que manaba de mis ojos sin parar, apenas podía ver por donde caminaba. Cuando crucé el embarque, me aseguré de que Álex ya no pudiera verme. Fue entonces y solo entonces cuando me tomé un segundo para respirar profundamente. Busqué en mi bolso unos pañuelos con los que secarme las lágrimas, nerviosa, sacaba de todo menos lo que estaba buscando. Tenía pensado cambiar todos mis bolsos por otros de tamaño más reducido un día de aquellos, pero siempre encontraba una excusa para no hacerlo. Cuando por fin encontré lo que buscaba, me sequé bien las lágrimas e intenté recomponer el gesto. ¿Qué pensarían los demás pasajeros si me vieran entrar con ese aspecto?

Solo de pensarlo me moría de la vergüenza. Recompuse el gesto, acto seguido entré en el avión y comencé a buscar mi asiento, las filas estaban numeradas, tres asientos por fila. Me tocó en el principio del avión. Había pedido ventanilla a la chica que me atendió al sacar el billete, y por suerte este viaje conseguí lo que buscaba. No era la primera vez que pedía el asiento junto a la ventanilla y me decían con una bonita sonrisa:

—De acuerdo, ya lo tiene usted.

Y cuando subía me encontraba con que no solo no me habían dado el asiento, sino que me había tocado el pasillo.

Miré a través del pequeño cristal redondo y aunque era imposible de asegurar me pareció ver una sombra al otro lado de la terminal, justo por el mismo sitio donde antes yo había cruzado aquel extraño túnel postizo que me había llevado al avión. Le rodeaba un halo de tristeza, pensé que no podía ser Álex, que ya se habría marchado. Pero, ¿y si no lo había hecho y era él, que me seguía con su corazón y con su mirada hasta perderme de vista en el cielo?

Después de un tiempo de espera y de darnos las instrucciones en varios idiomas para volar seguros, el avión despegó. Pasados unos minutos miré por la ventanilla y vi las casas con sus diminutas piscinas, con sus jardines, todo se iba empequeñeciendo. A mi lado tenía a un matrimonio que parecía muy educado, los dos hablaban con voz muy baja para no molestar. Yo agradecí aquel gesto. Miré a mi alrededor y vi gente joven charlando de forma animada, al otro lado del pasillo. En los asientos siguientes a mi fila, un hombre de unos cuarenta años y de aspecto serio sostenía un libro, estaba enfrascado en su lectura y por más que intentaba ver el título del mismo era imposible, en todo el tiempo que duro el trayecto, unas dos horas más o menos, no conseguí verlo y no fue por falta de intentos. La mayoría de los pasajeros leían un libro o hacían crucigramas. Una madre le decía a su hijo, un niño revoltoso de unos seis años que se estuviera quieto en su asiento. Tres ejecutivos abrían sus carteras, sacaban papeles, comentaban entre ellos todo el tiempo. Iban bien vestidos y usaban perfume en vez de esas colonias baratas que te ponen un tremendo dolor de cabeza. Una voz que supuse era de una de las azafatas nos informó del cierre de la venta de productos en el avión, por tiempo limitado. Tiempo que yo suponía el justo para poder aterrizar.

Unos segundos más y solo veríamos nubes, enormes nubes blancas que parecían de algodón. Pensé que era lo más cerca que podía estar del cielo y volvieron a asomar a mis ojos unas tímidas lágrimas, esta vez.

Recordé lo que mi médica me dijo, cuando supo que quería volver a trabajar, a enfrentarme con la vida:

—Irene, no estás preparada todavía, piénsalo un poco, no es necesario que vuelvas al trabajo. Sabes que no tienes ningún problema en estar más tiempo de baja, deberías ir a ver a un psicólogo, ¿por qué no empiezas a hacerme un poquito de caso, por favor?

—No puedo, de verdad que no puedo. Lo he intentado pero es que es imposible. Necesito volver a la normalidad dentro de lo que haya de normal en estos momentos en mi vida, claro. No sé si me entiendes, estoy en casa y no puedo evitar llamarle, tocar su ropa. Me meto en su habitación y creo que en cualquier momento le voy a ver entrar por la puerta llamándome: «¿Mamá, dónde estás, mamá?». Y yo le respondo: «Estoy aquí, hijo».

—Sueño que viene corriendo hacia mí, he llegado incluso a oír sus pasos, que me buscan, y a sentir su abrazo. A veces le oigo llamarme por las noches, como cuando tenía pesadillas. Le oigo llorar. Le he visto.

Mi médica, que además se había convertido en mi amiga, se quedó mirándome fijamente, parecía pensar muy bien lo que iba a decirme.

—Me estás diciendo que después de morir tu hijo, ¿le has visto?

—No solo le he visto, sino que le he oído, le he sentido a mi lado. Me habla igual que antes.

Ella se quedó mirándome circunspecta y cruzó los brazos lanzando un suspiro.

—Pero, ¿tú estás oyendo lo que dices? Sabes que eso no puede ser, tú lo sabes, ¿verdad?

—Lo sé, pero es lo que me pasa. No quiero que pienses que me he vuelto loca, tú me conoces desde hace mucho tiempo. Me crees, ¿verdad?

Ella evitó mi mirada durante unos segundos, pero volvió a mirarme y en sus ojos vi que me creía, aunque fuera con algunas reservas.

—No sé qué decirte, en serio. Tu hijo hace un año que ha muerto de leucemia y tú me dices que lo ves y que hablas con él, ¿qué quieres que piense?

—¿Crees en el más allá? —dije mirándola seriamente.

— ¿A qué viene esa pregunta?

—Viene a que creo que mi hijo quiere algo de mí pero yo no sé lo que es.

— ¿Cuándo empezaste a sentirlo?

—Nunca he dejado de sentir a mi hijo cerca de mí.

Mi médica se levantó de su asiento, la noté inquieta, comenzó a dar vueltas por la consulta y repitió todo lo que yo le había contado, para analizar la situación.

—Me estás poniendo la piel de gallina. ¿Quién más sabe todo esto?

—Nadie, no soy idiota, a quién le voy a contar esto, pensarían que se me ha ido la cabeza por culpa de todo lo que me ha pasado.

—¿Y cuándo lo ves?

—No es como en las películas, le veo por el día o por la noche, no sé, simplemente le veo. Se acerca a mí y me abraza diciéndome: «¡Mami!». Nos damos un abrazo tan fuerte que a veces, horas más tarde, lo sigo sintiendo en mi cuerpo abrazándome.

Yo me había lanzado, confiaba en ella y sabía perfectamente que podía contarle lo que me estaba ocurriendo.

—Irene, llevas el espíritu de tu hijo pegado a ti. Te conozco desde hace mucho tiempo ya, y sé que no eres una lunática a la que se le ha ido la cabeza.

—No digas tonterías.

—No son tonterías, lo que ocurre y estoy segura de esto, es que tú no dejas que tu hijo se vaya de tu lado. Solo podréis ser felices cuando asumas lo que ha pasado, tienes que asumirlo de una vez y dejar marchar a tu hijo, está atrapado en este plano y solo tú puedes ayudarle.

—¿De verdad crees que es eso lo que ocurre?

—Por supuesto, estoy convencida.

Me quedé pensando en sus palabras, lo que me decía tenía sentido para mí. Siempre creí en el más allá.

—He pensado en ponerme a trabajar, de esta manera podría ver si consigo desconectar un poco de todo. He llegado a pensar que es mi mente, que me juega malas pasadas. Ya no sé qué hacer.

—Estoy muy sorprendida por todo lo que me has contado, y por si te sirve de ayuda no es la primera vez que cuando alguien pierde a un ser querido al no dejarlo marchar lo único que hace es atrapar a ese ser entre dos planos. Sabes que algo de razón llevo,

¿por qué no asumes que tu hijo murió, que fue una enfermedad, que desgraciadamente no se pudo hacer nada por él? Nadie pudo evitarlo. Te sentirás mejor, al menos, aliviada un poco en la pesada carga que llevas. Dime que vas a pensar seriamente en lo que te he dicho. Dime que vas a intentar buscar una conexión con la realidad y ser consciente de lo que ha pasado.

—Siempre, hasta el final de mis días, voy a querer a mi hijo y no le olvidaré mientras viva. Pero tengo que intentar superar esto, porque si no, acabará conmigo. He pensado en reincorporarme a mi trabajo, porque me quiero marchar fuera.

—¿Irte, a dónde?

—A Italia.

Ella se quedó mirándome y leí en sus ojos que la cosa le parecía más grave de lo que pensaba.

—¿Me lo estás diciendo en serio?

—Sí, necesito irme lejos de aquí, donde nadie me conozca y donde no le inspire lástima a ninguna persona, necesito trabajar, estar tranquila, no me quiero cruzar con alguien y darle pena. Necesito irme lejos y empezar de nuevo.

—¿Tienes pensado volver?

—Claro, solo será temporal. Mi vida está aquí, mi familia, todo…

—Sí, pero por lo visto no son suficientes para que te quedes con ellos y te dejes ayudar.

—Tú no has perdido un hijo, porque de ser así no hablarías como lo estás haciendo, y espero que nunca tengas que vivir con el sufrimiento de saber que tu hijo ha muerto antes que tú; es antinatural, simplemente.

Ella me miró y, con tristeza en los ojos, me dio unas palmadas en la mano, acto seguido asintió con la cabeza como para tranquilizarme.

Me cayó bien desde el primer momento en que la vi. Yo tenía entonces otro médico asignado pero se jubiló y el día que entré y la vi sentada en su mesa, rodeada de papeles en aquella consulta, me pareció una persona muy competente. Era joven y de aspecto alegre, su timbre de voz era agradable y resultaba muy cómodo hablar con ella, se notaba a la <u>legua</u> que debía de ser de las primeras de su promoción. Se la veía muy profesional en todo lo que hacía y, al contrario que otros médicos, ella no miraba el tiempo en el reloj que tenía colocado, de manera estratégica frente a ella, en mitad de la blanca pared de su consulta. Ella dedicaba a cada paciente el tiempo necesario. Tenía el cupo lleno, todos querían que los visitara ella, y por suerte para mí no solo fue mi médica desde entonces, sino que poco a poco se convirtió en mi amiga.

—Bueno, en ese caso, si tan decidido lo tienes, que sepas que cuentas con mi apoyo y que aquí estoy para lo que necesites. No te voy a preguntar por Álex, no lo has nombrado en todo el tiempo. Además, para serte sincera, estoy al corriente de todo, ha hablado conmigo.

—¡Cómo no!

—Irene, está muy preocupado por ti. Él piensa que estarías mejor si en vez de ser Pablo hubiera sido él.

—Mira, mejor lo dejamos para otro día si no te importa, no te lo tomes a mal, no te ofendas, de verdad, pero estoy agotada y tengo un dolor de cabeza impresionante. Gracias por escucharme y por tu ayuda.

—¿Aunque no te sirva de mucho? Yo diría más bien de nada, ¡pero en fin!

—Sí, me has ayudado. Pero tengo que hacer esto yo sola.

Nos dimos un abrazo pensando en que no sabíamos cuando volveríamos a vernos y simplemente nos dijimos hasta luego. Yo salí de su consulta y mientras bajaba las escaleras escuché cómo llamaba al siguiente paciente.

L levábamos ya un rato volando y estábamos a punto de aterrizar, lucía un sol glorioso sobre una bóveda celeste moteada con nubes de algodón, hinchadas como las velas de un barco que navega pletórico en alta mar. Al salir del aeropuerto de Peterola en Florencia, recordé el clima de la Toscana tan parecido al de mi ciudad en España. Recordé el último viaje a Florencia con Álex, llamaban mi atención las pequeñas luces de las casas en la oscuridad de la noche, como si se tratara de luciérnagas en un enorme bosque. Esperé la llegada del autobús al aeropuerto, tuve que hacer trasbordo para más tarde coger el Leonardo Exprés, un tren que me llevaría a la estación de Termini, en el centro de Roma. Desde Roma hasta Florencia podía ir en tren o en autobús. Opté por lo primero.

Después de recoger las maletas y aguardar más de una hora, por fin llegó el autobús, subí decidida a bajarme lo más cerca del lugar donde iba. Camino de mi apartamento en Florencia, me iba fijando en el azul del cielo, tan intenso y sin apenas nubes en él, las filas de cipreses alineados a ambos lados de la carretera, los olivos plantados en pequeñas hileras, las casas viejas y desvencijadas que se veían a lo lejos, encaramadas a lo alto de los montes que aparecían ante nuestros ojos. Volvía a ver Montecatini, famoso por su balneario de lujo y sus bodegas de vino. Dejamos atrás Lucca, una de las pocas ciudades toscanas que conservaba la muralla medieval, restringiendo el tráfico para vehículos. Recordé la catedral de esta ciudad, la iglesia de San Michele, la torre Guinigui, el museo Puccini, el palacio Mansi.

Una vez en Florencia, tomé un taxi. El taxista era un hombre cincuentón que pretendía sacar partido a esa fama de ligones de los italianos, no paraba de hacerme preguntas que yo entendía perfectamente y que, sin embargo, hacía todo lo posible para que pensara justo lo contrario. Mi italiano era casi perfecto, había estado de Erasmus estudiando en la Universidad de Florencia, pero hice lo imposible para que pensara que yo no entendía una palabra, lo que menos me apetecía después del viaje era entablar conversación con un desconocido, y además una conversación insulsa. El taxista conducía de manera un tanto libre, por decirlo de alguna forma, y en ocasiones impresionaba ver cómo se saltaba un semáforo. Yo sabía la fama que tenían los italianos conduciendo, pero pensaba que eso solo sucedía en el sur de Italia.

Pude comprobar, con mis propios ojos, que en el norte del país sucedía si no exactamente igual, parecido. El taxista llevaba la radio encendida y sonaba una canción de Bobby Solo de los años cincuenta. Conocía la música de esa época porque siempre me gustó la música italiana y tenía una colección de CD en casa de las canciones más emblemáticas. Me encantaba, Rita Pavone o Adriano Celentano entre otros muchos artistas italianos. Volví a ver las Vespas italianas y esbocé una ligera sonrisa.

Cuando me encontré en mi nuevo hogar estaba exhausta. Esa noche dormí como un niño y ningún ruido me despertó. A la mañana siguiente, me sentí un poco confusa al abrir los ojos pero enseguida me situé. Recuperada después del descanso, disfruté del colorido desfile de turistas en aquella mañana, de los vendedores ambulantes, las palomas. Los camareros y tenderos llamaban princ-cipessa a las chicas jóvenes que paseaban por la acera. Les piro-peaban, les sonreían. Los italianos, como los franceses, no le tienen mucho cariño a los aparatos de aire acondicionado, caí en la cuenta de que en casi ningún sitio los tenían. Vi un pe-queño café muy cerca de la vía principal, Casa Giovanni, y me senté en el interior del establecimiento, simplemente a observar la vida exterior. Los jóvenes que iban montados en sus scooters, turistas... La terraza del exterior de aquel pequeño café que tan-to había llamado mi atención estaba vacía a excepción de una pareja de mediana edad, que tomaban un helado. En Italia los gelatos se comen durante todo el año. Unos turistas que, por el acento, me parecieron alemanes estudiaban un mapa. Removí lentamente, con movimientos pausados, mi café. Y me alisé el jersey. Recordé sus ojos brillantes y serenos, recordé a Álex y comencé a llorar. Respiré hondo, sabedora del giro que se había producido en mi vida.

Lo demás vino solo, me incorporé a mis clases en la univer-sidad a la semana siguiente de mi llegada, el tiempo más que justo para organizarme un poco. Y pude por fin comenzar una nueva andadura.

No conseguía quitarme de la cabeza muchas cosas de las que me habían pasado últimamente, pero al menos no iba por ahí sintiendo cómo la gente me miraba con cara de lástima. Aquí nadie me conocía, nadie sabía de mí. Solo era la profesora española de Arte que había llegado para sustituir al viejo profe-sor que se había jubilado. Jamás pensé que algún día terminaría dando clase en la Universidad de Florencia, ni siquiera me había atrevido a soñarlo.

Mi despacho era pequeño, sencillo, aunque no podía quejarme; los había más reducidos de tamaño, e interiores. Daba a un gran parque con unos árboles enormes que alegraban la vista. El césped, de un verde puro, y con unos bancos de madera ancestral donde a diario se posaban las palomas. Los transeúntes caminaban por las aceras sin detenerse a admirar aquella naturaleza contenida. A mí me gustaba observar por la ventana mientras me tomaba mi café de máquina o, en raras ocasiones mi maquiatto. Templaba mi alma aquel escenario, no podía evitar la comparación y es que me recordaba a las vistas que tenía en el despacho de mi universidad en España.

Estando lejos de todo, empecé a sentir melancolía. Era algo extraño, pero tampoco podía quedarme allí y dejar pasar mi vida, lo único que se me ocurrió fue darme un respiro y cambiar de aires; pero para eso debía poner tierra de por medio.

Las clases eran aulas grandes y los estudiantes, como en todas partes: los había muy buenos, menos buenos y malos, malísimos, de los que no van nunca a clase y el día del examen aparecen como los champiñones, por todas partes.

Mi primer día de clase fue, como siempre, una toma de contacto.

—Bien, hola. Me llamo Irene. Soy vuestra profesora de Arte este semestre. Quiero deciros que para mí es importante la asistencia a clase, tanto es así que la voy a tener en cuenta a la hora de evaluar un examen. Para que os hagáis una idea, en mi clase se pasará una hoja en la que firmarán todos los asistentes.

Al final del semestre, si el alumno ha venido a todas las clases tendrá un punto en el examen.

Se oyó el murmullo de los estudiantes en toda el aula y acto seguido lo interrumpí.

—Al arte hay que quererlo, hay que entenderlo para poder apreciarlo. En esta asignatura deberéis entregarme dos trabajos sobre dos artículos de las revistas de Arte que yo os proporcionaré en una lista y una recensión. Sin estos tres trabajos, nadie, oídme bien, nadie podrá presentarse al examen.

Los alumnos habían dejado de prestar atención a su profesora de arte, hacían comentarios entre ellos.

—Quiero que sepáis que a mí no me cuesta trabajo poner una matrícula o incluso dos, y es mi intención poner este año dos matrículas de honor en mi clase, si tengo la oportunidad, claro. Se hizo el silencio en el aula, conseguí despertar la curiosidad del alumnado. Por otra parte, si alguien copia, no podrá examinarse de mi asignatura, directamente suspenderá y se tendrá que matricular de nuevo el curso que viene, ¿me he explicado con claridad? Yo creo que sí, no sé qué opinaréis vosotros.

De nuevo, aunque no se levantó tanto revuelo como momentos antes, pude ver en sus caras que habían captado la idea. Eso era lo que yo quería.

—Quiero que me avasalléis a preguntas, que curioseéis. Los temas de los trabajos os los iré diciendo a lo largo de esta semana o la que viene.

Cuando terminé mi exposición, los chicos empezaron a hablar entre ellos, vinieron cinco de mis nuevos alumnos a hacerme preguntas sobre la asignatura, tenían dudas y querían hablar conmigo sobre ellas, eso me gustó. Mi clase era bastante grande, con una gran mesa de madera oscura y, justo detrás de mí, un panel blanco para ver las diapositivas del proyector.

Coloqué en el interior de mi viejo maletín de piel, color marrón oscuro, los folios y el bolígrafo de color azul, que había sacado pero que no había utilizado, simplemente jugaba todo el tiempo con él en mis manos. Me dispuse a salir en dirección hacia mi despacho, cuando una alumna me abordó para hacerme una consulta. Me gustaba que tomaran interés en mi asignatura, aquello era una buena señal.

—Por favor, profesora, disculpe, ¿podríamos hablar un minuto?

—Claro que sí, dime.

—Me gustaría saber sobre qué tema me aconsejaría usted centrarme en el trabajo.

La miré detenidamente, me pareció una chica muy seria; aunque nunca te puedes guiar, que te hagan ese tipo de preguntas el mismo día de la presentación no es garantía de que vayan a estudiar y, por lo tanto, aprobar la asignatura. En mi tiempo como profesora he visto alumnos brillantes que se quedan por el camino y otros que han conseguido la carrera a base de constancia.

—Mira, eso está bien, ¿pero ya quieres empezarlo?

—Sí. También quería que supiera que me gustaría conseguir una de esas dos matrículas.

—¿Qué te parece si vamos a mi despacho? Yo no tengo clase hasta dentro de dos horas y en cualquier caso también haré presentación, en realidad las clases empezarán la semana que viene. ¿Te parece?

—Claro, si a usted le va bien.

Anduvimos las dos una al lado de otra y apenas había entablado conversación con aquella joven. Me sorprendió que hablara español tan bien, y he de confesar que fue una grata sorpresa. Se la veía segura de sí misma, me recordó mucho a mis tiempos de estudiante.

—Pasa, siéntate. Bueno, ¿cómo te llamas?

—Me llamo Kiara, Kiara Carrisi.

—Un nombre muy bonito, Kiara.

—Gracias.

—Bueno, tú dirás.

—Verá, quisiera que me recomendara un tema para el trabajo, porque no sé por dónde empezar.

—Bueno, la verdad es que te has anticipado un poco. Pero sí, tengo algo preparado. Mira, el tema como has oído antes en clase es libre, podéis hablarme de lo que queráis, ahora bien, no voy a consentir copias malas, no me importa que utilicéis Internet para documentaros, pero no quiero que copiéis nada. Me gustaría ver que en cada trabajo leo algo diferente, novedoso, tenéis que ser capaces de expresar vuestras propias ideas, en definitiva, de sorprenderos a vosotros mismos y de sorprenderme a mí.

—Si vienes a mis clases y me escuchas atentamente, sabrás sobre qué tema puedes escribir, porque se me nota predilección por unos temas más que otros. Atiende y quizá encuentres una pista, se te ve una chica muy inteligente.

—Gracias, lo intentaré. Escucharé con mucha atención para poder descubrir cuál es ese tema, pero si lo consigo, ¿me guiará?

—Por supuesto. Verás, no es tanto un tema exactamente, te voy explicar un poco para que sepas por dónde ir; a mí me gusta todo lo que el arte en sí representa y sus diferentes manifestaciones. Dicho esto, encuentro que hay pintores muy importantes, pero siento especial adoración por un pintor en concreto.

—Ya entiendo, puedo hacer el trabajo sobre ese pintor.

—Sí, pero yo no te voy a decir qué pintor es aunque, si me prestas atención, no te resultará difícil averiguarlo. Una vez que lo consigas, podemos ver alguna faceta de su obra, y plasmarla en tu trabajo. Si te parece bien.

Kiara se quedó mirándome fijamente, pensativa y entonces fue cuando me dijo:

—Muy bien, para mí será un reto, pero yo también quería proponerle algo. Si consigo averiguar quién es ese pintor y, por mí misma, soy capaz de trabajar sobre un aspecto de su obra en concreto, sobre algo que lo destaque, que lo haga diferente, usted no verá mi trabajo hasta que esté terminado. ¿Qué le parece?

Me acomodé en mi sillón del despacho, sujeté el bolígrafo con mi mano derecha y, después de ordenar algunos folios que había dejado a primera hora de la mañana cuando pasé por el despacho antes de acudir a la clase, la miré fijamente. Kiara estaba tranquila, al menos aparentemente.

—Me parece justo.

Cuando Kiara salió de mi despacho, me dejó una grata sensación. Solo por una alumna como aquella valía la pena dar clase. Me pasé el resto de la mañana preparando documentación y material, ya que justo en una semana comenzaría el nuevo curso académico

Al principio de mi estancia en Florencia, los días se sucedían lentos, tediosos y sin ningún aliciente, me sentía muy apenada y mi corazón albergaba sentimientos contradictorios. Por un lado, pena y tristeza, mucho pesar por estar lejos de las personas a las que quería; y por otro, estaba tranquila. En el fondo de mi corazón, sentía un enorme temor porque sabía que empezaba una nueva etapa. Allí, en aquella ciudad, sola, no podía hacer otra cosa que no fuera luchar. Luchar por sobrevivir. El resto de mi vida sería para mí pura supervivencia. Ya no esperaba nada, ninguna alegría. Todos los días, excepto los fines de semana y los miércoles, daba clase. Así, que maquinalmente me levantaba temprano, desayunaba de cualquier forma y, después de asearme y vestirme, cogía mi maletín para ir como cada mañana dando un paseo hasta la facultad.

No podía ver muchos escaparates, solo los días en que mis clases empezaban más tarde de lo habitual, podía mirar de pasada alguna que otra tienda. En la calle, al aire libre, colocaban dentro de largas cajas de madera libros de segunda mano; muchos domingos me aficioné a bajar y rebuscar entre los títulos a ver si había algo de mi interés. Al principio solo lo hacía de vez en cuando, pero poco a poco se convirtió en algo habitual para mí. Más de una vez sucumbí a los encantos de los libros, el vendedor ya me conocía y, cuando a lo lejos veía que me acercaba, me dedicaba una amplia sonrisa llena de afecto. Él sabía de mi pasión por su país y también por su ciudad. Hablábamos mucho sobre el carácter mediterráneo de los españoles, tan similar al de los italianos.

Era un apasionado y experto vendedor que conocía casi todos los buenos libros, tanto manuales de Arte como novela y ensayo, que se habían escrito hasta el momento. Mi relación con él, poco a poco, se fue convirtiendo en la de dos amigos que sentían un profundo respeto el uno por el otro. A veces solíamos bromear, diciendo que parecíamos los protagonistas del libro 84 Charing Cross Road. Siempre que hacía una visita a su tienda, le encargaba algún libro, casi siempre títulos descatalogados, ejemplares que no estaban ya a la venta, ediciones raras y difíciles de encontrar. Además de la tienda, los domingos montaba su habitual puestecito justo al lado de un kiosco, casi en una esquina, muy cerca de la catedral. Le recuerdo allí, de pie detrás de las tablas de madera vieja que formaban el escaparate de cara al público, algo sencillo sin pretensiones, como la tienda. Al final me habitué a leer en italiano y encontré verdaderas gangas, joyas de la literatura que permanecen en mis estanterías a la espera de ser leídas de nuevo por alguien. Aquel domingo compré un ejemplar, Caro Michele, de Natalia Ginzburg.

Todas las mañanas, a mi llegada a la facultad, recogía el correo del casillero. Me llegaban las cartas de mis amigos, de algunos buenos compañeros y de mis padres; aunque de ellos no demasiadas, las suficientes para que no les olvidara. Todos estaban preocupados por mí, pero hice lo correcto. Aquí no podía venirme abajo, no me quedaba más remedio que ser fuerte y luchar. Y lo hice.

En clase hablamos de las diferentes escuelas dentro del Arte y he de decir que al principio mis alumnos estaban un poco díscolos pero, poco a poco, cuando me vieron en acción, se relajaron y yo también les correspondí. De manera que viendo el interés suscitado, me permitía de vez en cuando preguntarles algo. Aquella táctica siempre me había funcionado, les obligaba a estar despiertos en clase, incluso para que yo no les preguntara eran capaces de preguntarme ellos a mí. Eran listos, fue una buena promoción. Guardo un buen recuerdo de ellos y pienso que el sentimiento fue recíproco.

En el temario que yo misma había preparado hablábamos de pintura, escultura y arquitectura. Trataba de enseñarles que el arte no son solo piedras, una tela o un edificio. El arte es pasión, es historia y como tal debe entenderse. Me detuve al hablar de los pintores españoles y aunque disimulé lo suficiente, no se me escapó la cara que ponía Kiara cuando hacía mención a alguno de ellos. Así hasta que llegó el día en que le tocó el turno a Velázquez.

—Prestad mucha atención. Tenéis que fijaros en la luz, en las sombras. Debéis estudiar los cuadros de Velázquez con sumo detalle. ¿Alguien sabría decirme alguna característica de este pintor español?

Miré durante un leve tiempo, escruté las caras de mis alumnos.

—Venga, chicos, ¡estáis dormidos! ¿No me decís ninguna característica de Velázquez?.

Me quedé mirando sus caras, todos aguardaban mi reacción y cuando vi que el silencio reinante en la clase no iba a ser interrumpido por ninguno de ellos, intervine.

—Una de sus características la podemos ver en los retratos que hacía de los bufones. Si nos fijamos, en sus caras hay dulzura, sus gestos muestran a unas personas simples. No adornaba la realidad, eran así y así los pintaba. Destaca este hecho en la cara de Pablillos de Valladolid, por ejemplo; es un retrato del artista que forma parte de la colección de bufones, todas las cortes europeas tenían su séquito de bufones. Los bufones divertían a la familia real. Animaban las jornadas de los reyes, bien contando chistes, bien haciendo gracias o tonterías o bien interpretando escenas teatrales. Eran funcionarios de la corona y recibían un digno sueldo, que por lo menos les permitía comer, algo no tan fácil para muchos campesinos. Lo más destacado de este lienzo es que no existe separación entre el suelo y la pared. Pero, sin embargo, se puede apreciar que la figura del bufón tiene peso y se sujeta en el suelo, posee volumen sin quedarse plana, todo ello gracias a las sombras que sitúa el maestro. Esta lección de pintura la aplicará más tarde Manet en su Pífano. Pablillos viste traje de color negro, como exigía la etiqueta española a los caballeros, con golilla y puños blancos. Velázquez no adornaba la realidad, lo podemos ver de nuevo en El príncipe Baltasar Carlos, donde aparece con un enano para resaltar su belleza. Es decir, colocaba al bufón junto al retratado, de modo que la gente viendo la fealdad del rostro de este, exaltaría más aún si cabe la belleza del infante. En este cuadro, pese a su condición infantil, hay que destacar la banda, la bengala que porta en la mano derecha y la espada. El enano lleva una manzana y un sonajero, son elementos más pueriles que pueden dar a entender que el heredero de la monarquía más poderosa de Europa no necesita juguetes, sino instrucción militar y formación para poder gobernar sus dominios en un futuro.

Al finalizar la clase, Kiara me siguió hasta mi despacho y una vez dentro, las dos nos sentamos, nos miramos y entonces me dijo:

—El pintor es Velázquez.

La miré de nuevo en aquel silencio algo incómodo, un poco sorprendida. Quizá esperaba que lo descubriera, pero no tan pronto.

—¿Y qué te hace pensar que es Velázquez y no Goya?

—Bueno, tengo mis motivos, pero por ahora no voy a desvelarlos.

—Está bien.

—Recuerde que un trato es un trato; yo le he formulado la pregunta y ahora usted tiene que responderme.

—Pues sí, efectivamente, es Velázquez. Te voy a ser sincera, no pensaba que lo averiguaras tan pronto, es decir, sabía que tarde o temprano lo harías, pero no creía que fuera tan pronto. ¿Tan evidente era?

—Si una está atenta a la clase, se da cuenta de que cuando está explicando algo que adora, algo por lo que siente verdadera pasión, le brillan los ojos, le cambia el timbre de voz.

—Vaya, eres buena observadora. Te auguro una buena tesina.

Quedamos en seguir hablando sobre el tema, le dije incluso que en cualquier momento en que tuviera una duda, fuera el día o la hora que fuese, me buscara en mi despacho. En caso de no encontrarme en él, podíamos comunicarnos por correo electrónico, bastaba con que me escribiera un mail, y yo le contestaría lo antes posible. Lo que me llamó la atención fue que tenía mucha prisa en terminar los trabajos que yo pedía. Quería ponerse manos a la obra cuanto antes, y la vi con tantas ganas de trabajar que le ayudé cuanto pude, era un auténtico placer contar con una alumna tan sobresaliente como ella. En toda la clase no había un estudiante tan aventajado, con tanto espíritu de sacrificio y tanto afán de superación. Pensaba que aquella chica llegaría lejos.

Mientras tanto, los días iban pasando; algunas veces conseguía dominar aquellos sentimientos tan sombríos que habían echado raíces en mí. En cambio, otras era incapaz de hacer nada que no fuera llorar. Curiosamente, solo me permitía a mí misma ese desborde de emociones los fines de semana, cuando estaba completamente sola y no tenía prácticamente ninguna obligación.

Un domingo que no andaba muy bien de ánimo, pero tampoco estaba lo suficientemente deprimida como para no salir, me quedé pensando por un momento y decidí vestirme y bajar a la calle para hacer mi recorrido habitual de cada semana. Desayuné sin prisas, observando cómo los rayos de sol se filtraban por la ventana, y las partículas de polvo quedaban suspendidas en el aire. Hacía un día magnífico. Con un cielo deshilado por blancas y algodonosas nubes, luciendo un sol victorioso. Todo tenía otro talante, todo menos mi amigo Paolo.

Le vi y a lo lejos, parecía como si su figura se hubiera desdibujado, era como si en un cuadro lleno de colores él estuviera pintado en un gris oscuro, feo, apagado. Sus movimientos estaban como ralentizados, se movía con desgana, y pude ver al aproximarme a él cómo su sonrisa se había esfumado. Aquella habitual sonrisa que lo hacía tan afable había desaparecido por completo. Era como si un niño la hubiera borrado con una goma. Me aproximé con cierta preocupación, habíamos llegado a ser buenos amigos con el paso del tiempo, aunque ninguno de los dos sabíamos en realidad demasiado acerca del otro, de nuestra vida privada. Siempre que hablábamos, nuestras conversaciones versaban de literatura, pintura o simplemente charlábamos así, sin más, de lo que habíamos hecho durante la semana. Era algo muy sencillo, hablábamos cordialmente y lo hacíamos muchas veces sobre cosas triviales. Pero ese día no pude reprimir traspasar el umbral de la confianza y preguntarle cuando ya estaba cerca de él:

—Paolo, ¿qué te ocurre?

Él se quedó callado un instante, con semblante serio, me miró y respondió con voz grave al tiempo que deslizaba la mano derecha por su nuca, con gesto lento y pesado.

—Nada, ¿por qué me lo preguntas?

—Mientes muy mal —le dije yo, mirándole preocupada.

—Y tú eres muy lista.

Paolo me miró detenidamente, por un momento creí ver en sus ojos una sombra, casi estuvo a punto de llorar. Me cogió lentamente de la mano, con desánimo, y me dijo:

—Irene, ¿qué te parece si dejo aquí en el puesto a mi hermano y vamos a dar un paseo tú y yo? Necesito hablar con alguien y te considero una amiga. Sabrás comprenderme mejor que muchas personas.

—No sé qué te hace pensar eso, pero si tú lo crees, a mí me vale.

Al poco, estábamos paseando el uno al lado del otro. Caminábamos tranquilos, en silencio, no teníamos prisa por llegar a ningún sitio. Sus pasos, curiosamente, iban acompasados a los míos. Al llegar a la catedral, nos detuvimos. Había muchos grupos de extranjeros y curiosos alrededor de Santa María Dei Fiori. Los turistas observaban la puerta del baptisterio obra de Filippo Brunelleschi. Los guías siempre decían que parecía imposible que la mano del hombre hubiera sido capaz de construir una cúpula de semejantes dimensiones con las técnicas de la época. Y allí, en un grupo de turistas, asomaba su paraguas de color malva chillón, y se oía la voz aguda y un poco metálica por el aparato que llevaba colocado muy cerca de su garganta para no tener que forzar la voz en medio de aquel grupo.

—Es una catedral preciosa, intercala la piedra con el mármol. Cúpula renacentista para una catedral gótica, ¿qué les parece?

La mayoría de los turistas quedaban boquiabiertos admirando la catedral en todo su conjunto exterior.

—El mismísimo Miguel Ángel se inspiró en esta cúpula para realizar la del Vaticano. La cúpula superaba en altura, y destacaba por ello, al resto de las edificaciones de la ciudad de Florencia. Dominaba la perspectiva y jerarquizaba el espacio urbano. Era el símbolo del orgullo de esta ciudad-estado, la más prestigiosa durante el siglo XV. La cúpula tendría un enorme éxito y sería muy imitada durante el Renacimiento, dentro y fuera de Italia. Detrás de nosotros tenemos una impresionante vista, la puerta del baptisterio. Esta puerta la realiza el escultor Benvenuto Cellini. El baptisterio, dedicado a San Juan Bautista, patrón de Florencia, está frente a la catedral y es el edificio más antiguo de la plaza. Era el símbolo de la comunidad cristiana y en él se celebraban los bautizos. El edificio es de grandes dimensiones para acoger a las muchedumbres que se reunían durante los dos días del año en que se celebraban los sacramentos bautismales. Este edifico es de planta octogonal. La fuente bautismal, en su origen, estaba en el centro del suelo, decorado finamente con incrustaciones de mármol, que representan los signos del zodiaco, y decoraciones geométricas.

Así se sucedían durante todo el día sesiones de guías turísticos por toda la ciudad de Florencia, visitando la iglesia de San Lorenzo donde están enterrados los Médicis, visitando la plaza de la Signoria donde hay un verdadero museo de esculturas al aire libre. Florencia está llena de museos para visitar.

—Paolo, conozco un café cerca de aquí donde podríamos sentarnos.

—Es el que está frente a la catedral, Café palazzo Mansi, te refieres a ese, ¿no?

—¿Cómo lo sabes?

—También es mi favorito. Desde allí uno posee una vista magnífica, privilegiada, de la catedral. Es pequeñito pero muy acogedor.

—Totalmente de acuerdo.

Seguimos caminando en dirección al pequeño café frente a la catedral, apenas hablábamos. Comenzó a estropearse el día y oscuros nubarrones empañaron la luz diurna. De repente hacía un frio terrible, yo caminaba con las manos metidas en los bolsillos del abrigo. Aquella horrible humedad se metía en los huesos reblandeciéndolos. Caminaba al lado de Paolo sintiendo el calor de su cuerpo abrigado bajo la ropa.

En aquel momento, mientras caminamos en silencio, recordé el día en que Álex me lo regaló. Por aquel entonces solíamos pasar la tarde de los viernes en el centro de la capital y fuimos a unos grandes almacenes, lo vi en el escaparate y cuando me lo probé me encantó, me quedaba como un guante. Álex me miró y me dijo que estaba guapísima. Un cuarto de hora después salimos de los grandes almacenes, entre otras cosas, con aquel abrigo guardado cuidadosamente en una bolsa de ropa. Comenzó a llover y nos refugiamos en un pequeño e informal café que quedaba muy cerca de la calle central, cruzando a la gran alameda y allí, los dos cogidos del brazo, nos tomamos un café, esperando a que parase de llover al poco. Simplemente éramos felices. Qué lejos quedaba todo aquello...

—Bueno, ¿me vas a decir lo que te ocurre o qué? Me tienes preocupada.

—Tú también me dirás qué te ocurre a ti, ¿verdad?

—¿Qué te hace pensar que a mí me ocurre algo?

—Somos amigos. Solo hay que oírte hablar, prestarte un poco de atención.

Se quedó sin más, removiendo la humeante taza de capuchino, y su semblante se tornó sombrío hasta tal punto, que mirándole casi podía sentir el helor que reflejaban esos ojos del color de la miel. Me pregunté cómo podía cambiar tanto una persona.

—Hoy hace cuatro años que perdí a mi única hija.

frio intenso y penetrante

Se hizo el silencio. Yo no supe qué decirle, no supe qué hacer y no se me ocurrió otra cosa que sujetar su mano entre las mías. Le tranquilicé un poco. Él simplemente me miró, sostuvimos nuestras miradas un tiempo, no sé cuánto duró aquello. Después nos dimos un abrazo. Un reconfortante abrazo.

—No consigo vivir sin ella. A veces no lo entiendo y no sé por qué no fui yo. Ella tenía toda la vida por delante.

Le dejé hablar, dejé que vomitara todo lo que llevaba dentro. Y poco a poco fue cambiando de color, se volvía de un gris más claro, hasta que al final de nuestra conversación pude ver de nuevo los colores en él. Supongo que lo mismo me pasaba a mí, solo que nunca me había dado cuenta hasta ese mismo instante en que me vi reflejada en él. Su dolor era el mío. Simplemente, no había querido darme cuenta antes.

—¿Sabes?, aunque no te lo creas, sé lo que sientes.

—Perdóname, Irene, sabes el cariño que te tengo y lo importante que eres para mí. No te tomes a mal lo que te voy a decir, pero no creo que puedas entenderlo.

—Sí, sí que lo entiendo. Te vas muriendo poco a poco cuando ves que pasan los minutos, las horas, los días, los meses.

Miré a mi alrededor y a punto de llorar como estaba, seguí:

—Tiempo al fin y al cabo. Cuando ves que tú estás aquí, cuando pasan las cosas más insignificantes del día a día o las cosas importantes, los cumpleaños, las navidades… Te das cuenta una mañana al levantarte, que estás sola en el desayuno, de que la casa no es sino un inmenso vacío, que se llena de los sentimientos más tristes que un ser humano puede albergar en su interior. Solo oyes silencio, un silencio infinito, agónico y terrible, que inunda todo tu ser. Entonces te das cuenta de que te sobra el tiempo. Cuando ya no oyes llorar a tu hijo, ni le oyes reír, cuando no escuchas el alboroto infantil, la alegría que se impregna en la casa o sencillamente el olor de su pequeño cuerpo; no me tienes que explicar nada, cuando ya no tienes que ir al colegio a recoger a nadie, ¿sabes? cuando dejas de hacer todas esas pequeñas cosas, entonces es cuando te das cuenta de que solo estás sobreviviendo a tu propia tragedia, a tu propio drama. Cuando vas andando por la calle y ves a una madre que abraza a su hijo o simplemente cómo van cogidos de la mano y tomas conciencia de que mientras caminas sin saber muy bien a dónde ir, estás llorando. Ves en la cara de la gente cómo te mira y te compadece. Créeme, sé de lo que hablas.

Paolo me miraba sorprendido. Y yo sabía que había descubierto esa parte de mí que yo era siempre propensa a ocultar a todo el mundo. Fuera comenzó a llover, era una lluvia fina, al principio suave. Los transeúntes habían desaparecido de aquel escenario que se había ido transformando mientras nosotros perdíamos la noción del tiempo enfrascados en nuestra conversación. En el interior de la cafetería hacía una temperatura muy agradable, habían puesto la calefacción. Nos sentamos en la primera mesa junto a la puerta acristalada de la entrada, desde donde teníamos una vista maravillosa. La cúpula de la catedral se alzaba ante nuestros ojos, ya no había rastro de los turistas que llenaban la plaza en grupos, admirando la catedral o el baptisterio.

—¿Sabes? La primera vez que pisé suelo italiano, tu país me conquistó. Y decidí que volvería. Así que esta es la cuarta vez que estoy en Italia.

—Tienes una pena en el corazón, lo supe nada más verte.

Siempre me gustó aquella cafetería, de estilo antiguo decorada con muebles clásicos. Las mesas eran de madera noble, con los bordes de las patas talladas en forma de flor. Las sillas cuyo tapizado era de color burdeos, tenían un aspecto muy cómodo y así era realmente. Del techo, sobre el centro de cada mesa, colgaba una lámpara de estilo inglés, alumbrando con una luz muy tenue.

—Yo también perdí un hijo: Pablo. Paolo si estuviéramos en Italia.

—Vaya, es un nombre bonito.

—Dímelo a mí. Me empeñé durante todo el embarazo y, al final, Pablo se llamó.

—¿Quieres contarme algo? Tal vez te haga bien; yo lo he llevado mucho tiempo callado pero necesitaba hablar con alguien, estoy perdido.

El camarero nos trajo un capuchino para mí y un café manchado para Paolo. Yo sujetaba mi taza con las dos manos en un intento de calentarlas.

—Ya estamos hablando, te aseguro que contarte lo poco que sabes hasta el momento, para mí ya es dar un paso hacia delante. Es más de lo que mucha gente podía esperar de mí.

—Entiendo.

—Mi hijo Pablo era un niño guapísimo, y cariñoso. Era lo más importante de mi vida, me llenaba por completo, me sentía la mujer más dichosa del mundo, un hijo al que adoraba y por el que sentía pasión... y tenía un marido maravilloso. Tanta perfección me daba miedo, no podía ser todo tan ideal, sentía siempre un temor a que algo pudiera romper todo lo que había construido, y la sombra del miedo siempre planeó sobre mi vida por este motivo. Mi hijo nunca llegó a cumplir los cinco años. Una enfermedad se lo impidió. Y lo más duro para mí fue ver cómo día a día se apagaba. Fue durísimo verle así y no poder hacer nada. Tuve que coger la baja por enfermedad en la facultad donde daba clases porque no podía con todo, no podía soportar todo el peso que mi vida representaba en aquellos momentos y quería estar siempre con él. Primero fueron las sesiones de quimioterapia, después todo vino seguido.

Sujetó entre las suyas mis manos, temblorosas y frías, en ningún momento dejaba de acariciarlas suavemente y de darme ligeras palmadas de ánimo a la vez. Era un verdadero amigo. Yo lo sabía, sabía desde hacía tiempo que podía confiar en él.

—El trasplante fue del todo imposible. Nos hicimos las pruebas toda la familia y nadie era donante compatible de médula. Pero tampoco llegó la de ningún otro. Según nos dijeron los médicos, era ya demasiado tarde, aunque si algún familiar hubiera sido idóneo, habría cabido la posibilidad de intentarlo; pero así estaba condenado. Lo más que pude hacer fue pasar todo el tiempo que me fue posible con él. Arañé cada segundo, cada minuto. No escatimé en nada, le hice todo lo feliz que pude.

—Siempre me hablas de ti. ¿Y tú marido?

Le miré primero a él y luego sorbí poco a poco, sin prisa, acercándome la taza a los labios.

—Álex se tomó la enfermedad igual de mal que yo, peor incluso al principio. Creo que fue porque él era más realista que yo, desde el primer momento fue también el más fuerte de los dos. Yo me negaba a creer lo que decían los médicos, ¿cuántos diagnósticos hay que se dan de forma errónea? Al principio pensé que se habían equivocado, así que recurrí a una amiga. Su marido es el director de un hospital con mucho prestigio en España. Cuando allí nos dieron el mismo diagnóstico que los médicos anteriores, me di cuenta de que la cosa iba mal. Y era verdad, era cuestión de tiempo… Bueno, estamos hablando todo el rato de mí y eras tú el que estabas mal. Dame un respiro, ahora te toca a ti.

Fuera la lluvia no cesaba; ahora caía con fuerza. Una farola se agitaba a causa del viento que se había levantado. El día, que había

empezado soleado por completo, se convirtió en un día gris metali-
zado, todo el cielo de la ciudad había ennegrecido confiriéndole
un aspecto de fábrica cerrada en pleno invierno. Fuera debía hacer
auténtico frío, porque las pocas personas que paseaban por la calle
iban muy abrigadas tapándose las manos y la cara como podían,
sujetando a la vez el paraguas.

—Mi hija tenía siete años. Nació con la misma enfermedad
que su madre. Según los médicos, era hereditario. Mi vida cambió
mucho en muy poco tiempo. Mi mujer, Laura, quería tener hijos,
era su mayor ilusión.

—Lo entiendo; a todas las mujeres, mejor dicho, a la mayoría
de mujeres nos pasa lo mismo

—le dije yo asintiendo con la cabeza y escuchando muy
atenta todo cuanto decía.

—Nos dijeron que había pocas posibilidades de que el bebé
naciera con la misma enfermedad, nos explicaron que había muchos
adelantos y todo eso. Y poniéndonos en lo peor, nos dijeron que re-
lativamente podría llevar una vida casi normal, ya sabes, lo típico, no
podría hacer deporte, fatigarse… pero por lo demás su vida estaría
dentro de la normalidad. Lo meditamos mucho y pensamos si acaso
no estábamos siendo egoístas. Al final pensamos que teníamos que
ser valientes, ¿y si el niño nacía sano? Mi hija Laura, porque le pusimos el mismo nombre que a su madre, nació un bonito día de primavera. Uno de esos días en que la suave brisa te acaricia el cuerpo y
mece, comedida, las ramas de los árboles, cuando el sol luce en todo
su esplendor y el verde de las hojas que se balancean cambia de tonalidades las copas de los árboles constantemente.

En el poco tiempo que le conocía no le había visto así nunca,
su semblante era serio, la sonrisa que siempre asomaba a sus labios
había desaparecido por completo.

—Cuando nos dijeron que el bebé padecía una insuficiencia coronaria congénita se nos heló la sangre. Laura cayó en una depresión muy fuerte de la que no se recuperó nunca, se culpaba por haber sido tan egoísta. Y poco a poco, casi sin darse cuenta, se transformó en una sombra de lo que había sido.

—Como yo. Nunca me recuperé de aquello, y sinceramente dudo que pueda hacerlo algún día, ya solo me queda la supervivencia nada más, solo eso.

Yo le escuchaba en silencio mientras asentía con la cabeza, fuera la lluvia seguía cayendo inconstante, caminaba algún que otro transeúnte con prisa de llegar a algún sitio bajo su paraguas, abrigado, ajeno a todo drama.

—Mi mujer vio marcharse a Laura de nuestras vidas. No hace falta que te cuente detalles, supongo que te los imaginarás, pero eso la mató. Lloraba día y noche, perdió el apetito y ya no quiso seguir viviendo. Ni siquiera por mí. Y no la culpo, ¿sabes?, la entendí en todo momento. Laura se acostó una noche temprano al comenzar el verano, cuando el buen tiempo hace su aparición en escena y los días se alargan más, cuando el aire es más fresco y parece que te llenas de vida, cuando la luz del sol inunda hasta el último rincón del mundo. A la mañana siguiente ya no despertó. Había sobrevivido a su propia hija, que es lo peor que le puede ocurrir a una madre. Simplemente, todo aquello la sobrepasó y yo no pude retenerla aquí, conmigo.

Paolo se quedó en silencio, y yo no sabía qué decir, sostenía entre mis dedos el sobre de azúcar con el que no paraba de jugar.

—Lo siento. Estoy segura de que el hecho de que no consiguieras devolverle las ganas de vivir no era porque no te quisiera, sino porque no podía vivir sin vuestra hija.

—Sí, eso mismo he pensado yo a veces, pero ese pensamiento

no hace que esto sea más fácil. Las echo de menos a las dos, toda mi vida ha cambiado.

—Entiendo.

Bebimos antes de que se enfriara, a pequeños sorbos, muy despacio, mientras charlábamos tranquilos, sin prisa. Nadie nos esperaba en casa y tampoco teníamos nada que hacer que no pudiera esperar a otro momento, así que seguimos con nuestra conversación.

—Sabes, Paolo, hoy cuando te he visto era como si llevaras una sombra contigo, algo oscuro que ennegrecía tu apariencia. Desde lejos, solo con mirarte, me he dado cuenta de que algo te ocurría.

—Yo tuve la misma sensación desde el primer momento en que te vi.

—Es verdad que he venido a Italia huyendo. No soportaba a Álex, mi marido. Él se lo ha tomado mejor que yo. ¿Cómo iba a comprenderme? Siempre tan positivo, tan dispuesto a ayudarme. Pocas veces le vi derramar lágrimas por nuestro hijo, me hubiera gustado apoyarme en su hombro y poder llorar hasta dormirme, pero en vez de eso hacía como si no hubiera pasado nada y la vida continuara. Le odio por mirar hacia otro lado y llorar cuando creía que yo no podía escucharle, no necesitaba hacerse el fuerte conmigo.

—¿No crees que estás siendo muy dura con él?

Por lo que me cuentas, solo quería protegerte, nada más.

—Yo solo quería que me entendiera, que me dejara llorar. He perdido a mi hijo, la persona a la que más he querido en mi vida, y necesito llorar. No quiero hacer como si no hubiera pasado nada.

Paolo de vez en cuando me apretaba débilmente las manos, intentando darme ánimos no solo con las palabras.

—Entiendo. A veces todo se complica, o lo complicamos nosotros.

—Este lugar me trae muchos recuerdos, todas las veces que vinimos a Florencia, Álex y yo nos sentábamos en esta cafetería. Nos gustaba la vista que hay desde aquí, es perfecta. Se me hace raro estar en los mismos sitios en los que he estado con Álex, pero ahora sola, sin él.

Esperamos a que se calmase un poco la tarde para poder irnos a casa, el tiempo empeoraba conforme iban pasando las horas. De camino a casa hablamos muy poco, me acompañó hasta el portal y nos dijimos adiós. Paolo me decía siempre que era un placer hablar conmigo porque había muy poca gente interesante por ahí. Y yo bromeaba diciéndole que había más de la que él pensaba. Era un hombre muy distinto físicamente a Álex. Paolo era de pelo castaño, de ojos color miel, alto y de complexión normal. Mientras que Álex era moreno y de ojos verdes, bastante alto y delgado. Poseía un gran corazón y eso, entre otras cosas, me enamoró. Me conquistó. Le echaba de menos y pensaba a menudo en él y en todo lo que mi vida había cambiado. Pensaba lo que suponían aquellos cambios para mí. Echaba de menos a mi familia. Y más de una vez quise estar con Álex. Estuve tentada de llamarle en alguna ocasión. Aunque sabía que de no hacerlo yo, terminaría él llamándome a mí tarde o temprano. Mi vida en casa se limitaba a ver alguna que otra película romanticona en la RAI, la televisión italiana, o algún melodrama. En fin de semana me dedicaba a corregir los trabajos de clase, a preparar las diapositivas de cada día, las exposiciones que iba a hacer y, vaya, leía siempre que podía los libros que le compraba a Paolo.

Me di cuenta de que Kiara había dejado de venir a clase. A medida que las semanas pasaban crecía mi preocupación por si algo le hubiese podido ocurrir, aunque yo ignoraba exactamente qué podía ser. Ni siquiera lo intuía. Naturalmente, a mi despacho venían más alumnos pero nadie como ella. Ninguno era tan brillante, y por eso también me llamó la atención que de repente, después del interés que había mostrado, dejara de venir por clase, así como a las tutorías.

Al finalizar todas mis clases, y volver del bar, de mi habitual almuerzo con los compañeros, todos ellos profesores, decidí mirar en el expediente académico de Kiara. Tenía que conseguir como fuera su dirección, el teléfono, algo que me pusiera en contacto con ella. A través de la red pude dar con su paradero. Encontré la dirección y un teléfono móvil. No tenía más clases aquella mañana, así que recogí todos los papeles que había sobre la mesa, los guardé dentro de mi maletín y cerré con llave mi despacho. Salí de la universidad y le hice el alto a un taxi para que me llevara a la dirección que tenía anotada en aquel pequeño trozo de papel cuarteado. Aunque yo llevaba unos meses en Florencia, no sabía exactamente dónde podía encontrarse la calle. Cuál fue mi sorpresa al ver que estaba tan solo a cinco minutos de mi apartamento. ¿Cómo era posible que viviendo tan cerca de ella nunca me hubiera tropezado con Kiara? Dando las gracias al taxista, cerré la puerta suavemente buscando con la mirada el número del portal. Ahí estaba su nombre en uno de los timbres: Kiara Carrici. Alzaba mi mano para pulsar el botón del timbre cuando vi que una mujer mayor, de unos sesenta años, bajaba por las escaleras del rellano. Esperé y cuando salió a la calle le pedí que no cerrara la puerta, le indiqué a qué piso iba y parece que se quedó satisfecha con mi explicación. Subí en el ascensor de color verde con el techo lleno de luces blancas como si fueran lunas que lucen todas iguales de tamaño y a la vez. Se tropezaba con la puerta del piso de Kiara nada más salir del ascensor. Respiré hondo, iba a pulsar el timbre. Justo en ese momento oí a un niño llorar dentro del piso. Apreté el botón. Kiara se quedó de piedra cuando al abrir la puerta me vio allí, de pie, sin más.

—¡Profesora!

—¡Kiara! He visto que llevas bastante tiempo sin venir, y pensé que algo te ocurría.

Perdona que me presente así sin avisar, pero estaba preocupada por ti.

—Pero pase, no se quede en la puerta.

—Por favor, no quiero molestar.

—No es una molestia. Una sorpresa sí lo ha sido,

¿pero una molestia? Por favor, para mí es un placer.

—Está bien, gracias.

El piso era acogedor. Al menos, el recibidor y el comedor, que es lo que yo había visto hasta ese momento. Los muebles no eran nada ostentosos, a decir verdad, nada de lo que yo había visto hasta el momento lo era. De colores muy suaves las cortinas y el sofá, así como la alfombra. Todo eran tonalidades color pastel que conferían un aspecto de serenidad a aquel apartamento.

—¿Le apetece un capuchino bien calentito? Yo iba a prepararme uno en estos momentos.

—Sí, me encantaría un capuchino.

De repente nuestra conversación quedó interrumpida por el llanto de un niño. Me quedé blanca, se me heló la sangre, no podía ser. Pensé que otra vez mi subconsciente o lo que quiera que fuese me estaba jugando una mala pasada. Kiara me miró y guardó silencio, se fue con paso firme y decidido, desapareciendo por el pasillo como si algo la succionara hacia el interior, y cuando volvió traía un bebé en los brazos. No sé qué cara debí poner, pero tuvo que ser de estupor porque ella no supo tampoco qué decir. Las dos guardamos silencio durante un breve espacio de tiempo y, al final, fui yo la que lo rompió.

—¿Es tuyo, Kiara?

—Sí —dijo ella.

—No sabía que tuvieras un hijo tan pequeño.

—Ya, no lo escondo, ¿sabe?, pero tampoco lo voy pregonando por ahí. Si surge y alguien me pregunta, pues lo digo y ya está, pero si no, pues no comento nada.

—Perdona si soy indiscreta, pero ¿vives sola?

—Bueno, con mi hija, así que nos tenemos la una a la otra.

—No quisiera por nada del mundo molestarte, he venido porque me tenías muy preocupada, no sabía nada de ti; ni las tutorías, nada de emails, no vienes por clase…

—Mi hija se ha constipado, pero no ha sido un constipado normal; casi la tienen que ingresar y la chica que la cuidaba ya no va a seguir. Dice que no puede con esto y con la facultad. Así que se me han complicado un poco las cosas y no puedo llevarla a ninguna guardería.

— ¿Por qué?

—No quieren niños que no anden, supongo que dan más trabajo. No me ha quedado más remedio que faltar a clase. ¿Le gustaría cogerla mientras yo preparo los capuchinos?

Me entró un miedo terrible y una alegría al mismo tiempo; hacía tanto que no cogía un bebe…

—Será un placer.

Kiara me dejó a su hija en los brazos, era una niña preciosa, un bebé de grandes ojos azules con un cabello oscuro como su madre, tenía una sonrisa permanente en los labios y se la veía muy despierta. Era su vivo retrato. Sin poder evitarlo me abracé a aquel bebé y cuando quise darme cuenta estaba llorando. Al verme así,

Kiara se sorprendió:

—¿Qué le ocurre?

—Por favor, va siendo hora de que me tutees.

—¿Qué te pasa, Irene?

—Es muy largo de explicar y en solo una semana ya he tenido que hablar de ello en otra ocasión, dame un poco de tiempo. Te lo contaré otro día, lo prometo. Antes tienes que decirme tú qué pasa para que no vengas a mis clases.

—No tengo a nadie que me ayude con Sofía.

—Bonito nombre, es precioso, me encanta.

—No puedo ir, Irene, me es imposible.

—¿Y el padre?

—No lo sabe.

—¿Tú no quieres que lo sepa?

—No, no creo que sea una buena idea.

—Bueno, ¿y tus padres?

—Murieron hace dos años en un accidente de tráfico y soy hija única, tengo parientes, pero en el sur de Italia y no quiero marcharme allí. Mis padres tenían el piso pagado y unos ahorros. Así que intento administrarme lo mejor posible. Mis abuelos paternos fallecieron hace tiempo, además vivían lejos. Mis otros abuelos vivían cerca de la ciudad. A mi abuelo no lo recuerdo, murió cuando yo tenía tres años. Mi abuela era un ser especial, me encantaba estar con ella.

Yo la escuchaba con mucha atención, mientras mis ojos iban de ella a la niña. Me sentía bien, era una extraña sensación de bienestar.

—Cuéntame qué recuerdos tienes de ella. Los abuelos son muy importantes en nuestras vidas.

—Verás, si quieres te puedo contar la historia, pero es un poco larga.

—Soy toda oídos.

—Tenía los ojos grises más bonitos que hubiera visto nunca, el semblante relajado y la piel tan blanca como la nieve. El cabello le caía formando ondas en la parte superior de la cabeza. En su rostro se veía reflejado el paso del tiempo, las arrugas surcaban signos de expresión que se habían ido acumulando a través de los años. La sonrisa dispuesta, siempre preparada para ser colgada en cualquier momento en el balcón de su cara. Nunca olvidaré el tono de su voz, amable, tranquilizador.

—Por tu forma de hablar se nota que era muy especial para ti —dije yo con ganas de saber un poco más.

—Era sin ningún tipo de dudas una buena persona. Han pasado los años y su recuerdo sigue vivo en mí. Cuando cierro los ojos, puedo verla y la escucho hablarme como si la última vez que nos hubiéramos visto fuese ayer. Como si el tiempo no hubiera pasado. Siento que está a mi lado en cada momento de mi vida. Ella vive en mi recuerdo, permanece viva en mi corazón y en mi memoria.

—Se nota que la querías muchísimo, debió de ser muy importante en tu vida.

—Así es. Las dos hicimos nuestro mundo aparte, aunque entonces no nos diéramos cuenta, era solo nuestro, de nadie más, las dos compartíamos en él secretos y confidencias. Las suyas eran confidencias del pasado, las mías, del presente. A través de su voz pude saber la historia de mi familia paterna, se le iluminaban los ojos cuando me hablaba de sus padres, inmersa en la conversación que manteníamos, no omitía detalle alguno, su relato era el mismo cada vez que lo contaba, una y otra vez repetía la misma historia casi con las mismas palabras, como si hubiera memorizado en sus momentos de soledad todo lo que quería contarme. Con el paso del tiempo se me olvidó hasta su número de teléfono, como si nunca hubiera existido en mi memoria. Lo repetía en mi interior para no olvidarlo, pero llegaron otras nuevas cosas que memorizar y fueron ocupando el espacio de las anteriores.

—¿Parece mentira que algo así pueda ocurrir verdad?

—Sí, pero casi sin darte cuenta tu vida cambia y ya nada vuelve a ser como antes. Cuando me veía llegar le cambiaba el semblante y una sonrisa asomaba a su rostro endulzado por el gesto. La saludaba desde la calle y no hacía falta decir nada, tampoco me daba tiempo porque desaparecía y yo sabía que se dirigía a abrirme la puerta de la escalera, para que subiera junto a ella por esos cuatro pisos que se hacían eternos. Me preguntaba cómo era capaz una persona de su edad de subirlos varias veces al día. Nos dábamos dos besos con la alegría del reencuentro esperado desde la última vez que estuvimos juntas. Un día pensé que cuando ella no estuviera a mi lado se me haría muy difícil seguir sola mi camino.

—Entiendo perfectamente lo que sientes, sé de lo que estás hablando —dije yo con la pequeña en los brazos.

Mis ojos iban de la niña a su madre.

—Juntas veíamos llover mientras manteníamos largas y enfrascadas conversaciones de los temas que más nos gustaban. Nos asomábamos al balcón, mojándonos, dejando sentir el agua fresca de la lluvia que caía incesante en nuestras caras, respirando el olor a tierra mojada. Después entrábamos al interior, el ventanal quedaba al descubierto, colgando a sus lados las blancas y antiguas cortinas. Durante un tiempo estuvimos quedando para ir a llevarle flores a su marido; ella bajaba con el autobús y yo la iba a buscar andando a la parada que quedaba más cerca del cementerio. La primera vez resultó interesante y me gustó, pero poco a poco me fui dando cuenta de que quedaban pocos encuentros como aquel. Cada vez se apoyaba más en mí, dejándome al final de la jornada un dolor bastante considerable en el brazo sobre el cual no solo se apoyaba, sino que dejaba caer el peso de todo su cuerpo.

Después, cuando tuve edad de conducir, íbamos a la cita en mi coche, yo la recogía y ella agradecía aquel cambio en la situación. Yo también. En el cementerio era yo quien se agachaba para que ella pudiera darme instrucciones, sentada desde el banco que yo le había acercado arrastrándolo como podía. Cuando ya no pudo bajar tantas escaleras al día, era yo quien se encargaba de hacerle la compra. Nunca le dije lo mucho que la quise. Ella lo sabía, sabía que la quería tanto como ella me quería a mí. Se fue apagando como una lamparita que se queda sin gas y debilitándose la llama, comprendí que nunca encontraría a nadie como ella. Presentí, antes de que llegara, la soledad. Hacía tiempo que le rondaba. Ya solo tenía ganas de dormir, había perdido el apetito y muchas veces hasta la memoria, aunque a mí, me reconoció siempre. Su corazón dejó de latir una madrugada a las seis de la mañana. Yo sentí que mis movimientos se ralentizaban, como si todo desfilara ante mí, a cámara lenta. Mis movimientos eran autómatas, todo se había detenido en aquel preciso momento. Cuando la vi inmóvil, tendida en la cama sin vida, parecía dormida y en un impulso por querer retenerla, que estuviera siempre a mi lado, me abalancé sobre su cama, la abracé, le acaricié la cara con ternura mientras notaba cómo las lágrimas resbalaban inevitablemente por mi rostro. Los momentos que siguieron a aquel, los guardo en la memoria; algunos, difuminados, no los tengo claros. En cambio, otros los recuerdo como si fuera hoy mismo. Con su marcha me dejó un vacío enorme, y una pena aún más grande si cabe. Aquel día, cuando tuve que decirle adiós para siempre, era tanta mi tristeza que me la iba pisando al caminar. Arrastraba mi dolor por el suelo haciéndose cada vez mayor, aunque más tarde averiguaría que, a medida que pasa el tiempo, el dolor se agudiza y la pérdida se acentúa. Te das cuenta entonces, es en ese momento justo y no antes, cuando empiezas a tomar conciencia de lo ocurrido. Cuando tuve fuerzas para volver a su casa, me acerqué para poner en orden algunas de sus cosas. Me sentí como una ladrona. ¿Qué buscaba? Todo quería llevármelo, todo me daba pena que se perdiera.

Mientras escuchaba a Kiara, pensé en lo fuerte que era aquella chica, en todo lo que había luchado por salir adelante sola. Me dio mucha pena que alguien tan joven conociera ya la amargura de la vida.

—Sus cosas seguían en el mismo sitio, todo estaba igual; bueno, todo no. Ella no estaba allí, así que ya nada era lo mismo. Era una mujer humilde, de gustos sencillos. Hubiera querido detener el tiempo y que nada de lo que habíamos vivido allí se perdiera, y en cierta forma lo conseguí. Todo sigue vivo en mi memoria, todo sigue vivo en mí. La recuerdo riéndose, mirándome con dulzura y con gratitud por el cariño desinteresado que le daba. Yo sentía lo mismo hacía ella. Ya no voy a verla casi nunca. No tengo fuerzas para recorrer el camino sola, no me siento capaz de hablarle a una fotografía viendo el negro mármol de fondo, escuchando en mi mente el eco de mis palabras, diciéndole lo mucho que la sigo queriendo y cuánto la echo de menos. Alguna vez he ido, cuando el tiempo gris me la recuerda, cuando he conseguido reunir un mínimo de fuerzas para sentarme, yo sola, en el mismo banco donde antes era ella quien se sentaba viéndome hacer a mí.

—Te comprendo, comprendo ese sentimiento — le dije mirándola seriamente mientras ella asentía con la cabeza.

—Los días en que más la echo de menos, vuelco una burbuja de plástico blanco en su base y transparente todo su alrededor, agitándola un poco veo a Papá Noel cargado de regalos, y sonrío tristemente, me acuerdo de ella, del día en que me la regaló. Ya muchas cosas dejaron de tener importancia, en cambio otras cobraron más importancia que nunca. La recuerdo mirándome con sus ojos grises, con sus manos sobre el regazo, tenía un don. Sabía hablar, pero también sabía escuchar. Las personas así no deberían tener fecha de caducidad. Tenía luz. Con el paso del tiempo he hecho algunas de las cosas que a ella le hubiera gustado hacer, como viajar.

—Debió de ser muy duro para ti perderla; después de todo, ella te crió.

—Sí lo fue, y mucho. Pero no me quedó otra que salir adelante.

—Kiara debes haberte sentido muy sola…

—Así es. Mi abuela siempre me contaba historias, compartíamos mucho, ¿sabes? Algún día escribiré sus historias, me apetece mucho, es algo que tengo en mente desde hace mucho tiempo. Te aseguro que me contaba historias interesantísimas, hubiera sido una gran escritora.

Me quedé pensativa mientras me hablaba con aquella niña en mis brazos, llena de vida. Escuchaba por todo lo que había pasado siendo ella tan joven, decidí que debía ayudarla de la manera que fuera.

—Kiara, te voy a ayudar. Si tú quieres, claro.

—No tienes por qué molestarte, no te lo he contado para…

—¡Ya lo sé! Tranquila —la interrumpí—. Pero quiero hacerlo. Verás, se me ocurre que puedo hacer que la clase no sea presencial, ese tema déjamelo a mí. Lo haré de tal forma que nadie sospeche, así podrás conseguir la matrícula. Esto supondrá algo muy positivo para ti en el expediente académico.

—Pero, ¿estás muy segura de que voy a conseguir la matrícula? Yo, con Sofía así, no sé si voy a poder.

—Claro que vas a poder. Porque yo te voy a ayudar. Necesitamos a alguien de confianza, por lo que veo, que cuide de Sofía, ¿no es así? Este cuatrimestre ya ha terminado, de manera que mi horario cambia totalmente y solo llevo nuestra asignatura como semestral, me cogí el primer cuatrimestre más cargado ex profeso. Es preciosa, tienes una niña preciosa.

—¿Irene, tienes hijos?

—Tenía. Un hijo, un niño precioso.

—Lo siento.

—Tranquila, no podías saberlo.

—Lo siento de verdad. Cuando he visto cómo la mirabas, con qué ternura la cogías, me he dado cuenta de que te encantan los niños, pero no se me había pasado ni por un momento por la cabeza que…

—No pasa nada, últimamente hablo y, por curioso que me resulte, me hace bien contar lo que me sucedió, antes me ocurría justo todo lo contrario.

Respiré hondo, como para coger impulso, y con Sofía en brazos, dando pequeños sorbos a la taza que tenía frente a mí, me sinceré por segunda vez en muy poco tiempo. Solo hablamos del tema muy de pasada, le dije que otro día y en otra visita le contaría todo con más detalle. Le pedí por favor que me diera tiempo y ella lo respetó.

—Kiara, yo tenía un hijo que no llegó a cumplir cinco años de edad. Murió como consecuencia de una enfermedad y de nada sirvieron las sesiones de quimioterapia o los intentos de trasplante. Si me hubieran dicho que mi hijo podía curarse en el Monte Sinaí o en Houston, no lo hubiera dudado, lo habría vendido todo, hubiera mendigado. Pero no había nada que hacer. Lo peor que le puede pasar a una madre es esperar. Ver cómo tu hijo se va apagando al mismo tiempo que tú te apagas con él. No soportaba ver cómo le pesaban los zapatos al caminar, cómo no podía jugar con los demás niños.

Me destrozó el corazón ver cómo se agarraba a los barrotes de la verja de su colegio, diciendo que él también tenía que ir al cole. Aguanté mientras él estaba conmigo, pero cuando se fue ya no tenía sentido hacerme la fuerte, era una víctima más y decidí que no quería seguir viviendo. A veces el tiempo pasa lento y otras, en cambio, parece que se ha detenido eternamente. Yo no lo llevé muy bien. Bueno, realmente y en honor a la verdad, te diré que no lo he superado.

Necesitaba cambiar de vida para intentar reponerme de la pérdida de mi hijo. Y me vine a Florencia a dar clases, hace tiempo que un compañero me dijo que podría arreglarlo si yo quería, y al final eché mano de mis contactos y aquí me tienes. Este primer cuatrimestre me lo cargué más que el segundo porque no quería que me quedara nada de tiempo libre para pensar. Por eso te digo que puedo ayudarte, no me estoy medicando ni nada por el estilo, no debes tener miedo.

—No se me había pasado por la cabeza.

—Cuando he visto a Sofía me he acordado de mi hijo. Es un bebé precioso, se parece mucho a ti.

—Gracias. Es muy duro sacar adelante a una hija sola, pero no me queda más remedio.

—Me lo imagino. Kiara, escúchame con atención. Quiero

ayudarte, tienes mucho y muy bueno dentro de ti, qué digo mucho, tienes todos los requisitos para triunfar: eres inteligente, trabajadora, constante, tienes interés... Llegarás muy lejos en esta vida. Y escucha, a nadie nos viene mal un empujoncito, qué quieres que te diga. ¿Por qué no te dejas ayudar? Si yo puedo hacerlo...

—No sé, no quiero ser una obligación para ti.

Entendía perfectamente la reacción de Kiara, estaba algo desconcertada, era normal. Lo que menos hubiera pensado ella era que yo le hiciera un ofrecimiento como ese, después de todo éramos dos completas desconocidas. Yo solo era su profesora de Arte en la universidad.

—Pero si yo estaría encantada, además, ¿sabes que vivimos solo a cinco minutos de distancia la una de la otra?

—¿No me digas?

—Lo he descubierto esta mañana.

—¿Hasta cuándo estarás aquí, Irene?

—Hasta que termine el curso. Tranquila, tú no tendrás problemas para acabarlo.

—Y luego, ¿qué harás? ¿Volverás a España?

—Sí. Tengo la intención de volver a España. Allí he dejado familia, amigos, trabajo. He dejado mi vida entera.

—¿Te puedo hacer una pregunta personal?

—Desde luego.

—¿Tienes marido?

—Sí

De camino a casa fui durante todo el trayecto pensando en lo que me había sucedido ese fin de semana, esa tarde de domingo. Nunca pude imaginar que Kiara tuviera un hijo. Claro que nunca había pensado en ella más allá de las clases. Cuando llegué a casa me puse cómoda, me cambié deprisa, quería sentirme a gusto lo antes posible y sentarme en mi sofá a leer un rato. No todo en la vida de una profesora de universidad son clases y tutorías. También me dedicaba al estudio, a trabajos de investigación, pero disponía de mucho tiempo libre.

El teléfono lo dejaba para hablar con mi familia. Y con mis amigos; procurábamos mantener el contacto, saber unos de otros.

—Que sí, mamá, de verdad que estoy bien. No padezcas por eso, estoy tranquila, creo que he tomado la decisión correcta.

—Me alegro, de verdad. Ahora ya solo me falta que estés aquí y entonces sí que estaré tranquila del todo, hija.

—Mamá, te quiero mucho. Y os echo mucho de menos.

Respiré hondo y pensé en todo lo que había dejado atrás, en lo distinta que era mi vida sin mi hijo, y sin Álex.

—Hija, te paso con tu padre, un beso. Cuídate, yo también te quiero mucho.

—Dime.

—Nada, que cómo estáis.

—Pues, ¿cómo vamos a estar? Bien, nosotros bien, lo que queremos saber es cómo estás tú.

—Yo estoy bien, ya se lo he dicho a mamá, estoy tranquila. Papá, sé que no lo habéis entendido, pero necesitaba esto.

—No lo entendemos, pero solo queremos que salgas de donde estás metida y si así te ha ido bien, si te encuentras mejor, nosotros estamos contentos, eso es lo que cuenta. Verte bien es lo único que nos importa, lo demás, pues mira...

—Os echo mucho de menos, bueno, besos para todos, da recuerdos por ahí. Oye, que te mando por correo un libro nuevo, de tercera mano por lo menos, Recetas de cocina en la edad media de la región de la Toscana.

—¿Cuándo llegará, crees tú?

A mi padre le encantaba coleccionar libros de cocina, después de todo aquel había sido su oficio y su pasión; no sabía hacer otra cosa, le encantaba su trabajo.

—Pues yo calculo que a finales de esta semana. Pásame con mamá otra vez, besos.

—Venga, besos, y oye, cuídate. No hagas tonterías ni te dé por darle vueltas a la cabeza, ¿sabes?

—Que sí, papá. Venga, pásame a mamá.

—Dime, hija.

—Mamá, te mando a ti unas postales de los sitios que habéis visitado aquí, en Italia, ya verás, son una maravilla. Te gustarán. Tengo que dejarte, bueno, un beso.

—Hija, cuídate mucho, no llores, cariño, que me harás llorar a mí.

—Mamá, yo sé que tú me entiendes, y papá también aunque él diga lo contrario. Sé que me entendéis, otra cosa es que os guste o no, pero tenía que ser así. Besos, os llamaré pronto.

C ambié con mucho tacto mi forma de examinar. Tuve más flexibilidad en mis clases y todos mis alumnos parecían muy contentos con el cambio. No es que Kiara fuera la única que se merecía una matrícula de honor en mi asignatura, pero sí fue la única que mostró interés en ella. Les dije a mis alumnos que viendo el buen funcionamiento del aula y la buena respuesta que había tenido por parte de ellos había decidido confiar en que seguirían siendo buenos estudiantes.

—¡Chicos, escuchadme! El contacto entre profesor y alumno es muy importante para mí a la hora de evaluar. Si alguno de vosotros no puede asistir a clase o va a faltar más de lo que en realidad debiera, me gustaría saber el motivo; quiero veros, tener contacto con vosotros. Bueno, y dicho esto, empecemos.

Decidí que lo mejor era ser un poco más flexible de lo que en realidad había sido en un principio con mis alumnos, era la única forma de beneficiar a Kiara y ser justa con el resto de la clase.

Solo vinieron dos alumnos más a mis tutorías, querían hablar conmigo y la verdad es que agradecí ese contacto alumno-profesor. Me gustó, me recordaron mi tiempo como estudiante, yo iba a todas las tutorías que podía. Consideraba por aquel entonces que es importante que el profesor te conozca, que sepa de ti, de tu interés por su asignatura.

Busqué con Kiara la manera de ayudarla, y juntas lo conseguimos. Yo cuidé de su hija y además la orienté siempre en todo lo que pude. Era una alumna muy aventajada, aprendía rápido. Asimilaba de maravilla conceptos y memorizaba a la perfección fechas, era la alumna que todo profesor querría tener. En cuanto a Sofía, era un bebé buenísimo, un encanto de criatura, parecía como si quisiera ayudar a su madre y se portaba estupendamente. Era un angelito, un trocito de pan. Dormía a sus horas, comía con gana y casi nunca se ponía enferma. Era tranquila y se hacía querer. Todos los días pasaba por casa de Kiara y bien por la tarde o por la mañana, cuando la tenía libre, cuidaba de Sofía, y cuando esta dormía aprovechábamos para resolver dudas.

—Irene, vamos a hacer un descanso, vamos a tomarnos algo, ¿te apetece?

—De acuerdo. Hace un día bonito, pero frío, muy frío.

—Sí, menos mal que hace sol, si no nos helábamos.

El día lucía como en primavera, el aire limpio a causa del viento que soplaba helado. El cielo de color azul intenso aparecía ante mis ojos despejado, sin tan siquiera una nube. Volví a dejar la cortina como estaba y nos sentamos aprovechando que Sofía dormía.

—Lo siento, lo siento de verdad. Cuánto habrás sufrido. Y yo aquí siendo egoísta sin pensar…

—Oh, no, al contrario. Me da vida abrazar a tu hija. Sé que es tu hija pero verás: si tú me lo permites, me gustaría ser como una abuela para Sofía y una madre para ti. Sé que no seré como la madre que perdiste, pero si necesitáis algo y yo puedo ayudaros…

—¿Por qué lo haces? Hace mucho tiempo que nadie se preocupa

por mí. Me encuentro muy sola y sacar adelante a Sofía, prácticamente sin ayuda de nadie, ha sido muy duro todos estos meses.

Pensé en lo distinto que había sido para mí en ese sentido; cuando nació Pablo, Álex estaba loco de contento y yo igual. La primera vez que pusieron su pequeño cuerpo en mis brazos no pude evitar llorar, igual que la última vez en que pude abrazarlo, pero los motivos eran tan distintos…

—Me lo puedo imaginar. Me recuerdas mucho a mí, en lo luchadora. Quiero ayudarte, si tú me dejas.

—Nunca podré agradecerte el hecho de que cuides de mi hija. Si no fuera por ti…

—No tienes que agradecerme nada.

—Dime, te viniste a Florencia con la intención de empezar una nueva vida, ¿a que sí?

—Sí, es verdad que vine de España porque quería darle un cambio a mi vida. No podía estar allí sin mi hijo. Con todo el mundo preocupado a mi alrededor, entonces me dejaría vencer y al final no saldría nunca del pozo donde había caído.

Hablé de una forma tranquila sobre el tema, y entonces me di cuenta de que algo comenzaba a cambiar en mi interior. Antes solo pensar en el tema me irritaba y hablarlo me producía una pereza horrible.

—No habrá sido fácil dejarlo todo para venirte aquí y estar sola.

—No, pero me resultaba más difícil quedarme allí. Al principio, no me decidía, así que mi compañero de trabajo entregó los formularios por mí sin que yo lo supiera. Fue toda una sorpresa cuando me aceptaron, en aquellos momentos yo continuaba de baja por enfermedad.

—Bueno; pues yo te veo muy bien.

—Gracias, aunque no te creas, tengo mis momentos.

Las dos reímos en voz baja para no despertar a la niña. Por primera vez en mucho tiempo estaba de verdad tranquila.

—No me has dicho nada de tu marido.

—Tú tampoco del padre de Sofía.

—Es verdad. Bueno, teníamos una relación normal, como la de cualquier pareja joven, nos queríamos y, en fin, llevábamos ya tres años saliendo. Al quedarme sola pareció como si todos los acontecimientos de mi vida se hubieran precipitado. Así que nos pusimos a vivir a juntos. Entonces yo trabajaba en una pizzería, era verano, y faltaban unos meses para comenzar en la universidad, así que decidí trabajar durante ese tiempo. Un compañero de trabajo siempre estaba bromeando conmigo hasta que un día me dijo que sabía que tenía pareja pero que le daba igual, que yo le gustaba. Recuerdo que aquel verano fue muy duro para nosotros, tuvimos una crisis de pareja. Yo le había planteado a él tener hijos cuando mis estudios me lo permitieran y su contestación fue que no solo no pensaba tener hijos, sino que además tampoco pensaba casarse nunca. Así que me sentí perdida. Le quería pero esperaba algo más de la vida en pareja. Y bueno, supongo que te imaginarás el resto, el roce hace el cariño, una cosa lleva a la otra y un día me llevé a mi compañero a casa, mi pareja no estaba así que era imposible que saliera mal. Yo tenía un lío con mi compañero de trabajo, me daba todo lo que no tenía en aquel momento en mi vida y lo que presentía que iba a perder. Pero ese día, en la fábrica, mi pareja tuvo un accidente de trabajo y volvió antes de lo previsto.

—Ya. Me imagino el resto.

—Nos pilló en la cama, se quedó parado, no dijo nada. Empezó a recoger sus cosas, tampoco tenía muchas, y se marchó. Me dijo que no le molestara y que no quería verme más.

Yo traté de decirle que él me había empujado a eso, que me trataba como si no existiera, que qué quería que hiciera, si meterme a monja. Ni siquiera se inmutó. Lo pasé fatal y mi compañero no sabía qué hacer, se vistió y se marchó, tampoco dijo nada, simplemente me miró, y se fue. A los pocos días unas amigas me dijeron que habían visto a mi novio con un chica rubia abrazados paseando cerca del ponte vequio. Por la descripción podía ser la encargada de su turno en la fábrica donde trabajaba, supongo que irían a tirar un candado con sus nombres para sellar su amor. Mi compañero no quiso saber nada más de mí. Después de todo, los dos estaban jugando conmigo. Dejé mi trabajo. Me volqué en mi hija, y aquí estoy.

—Sofía es la hija de tu compañero de trabajo, ¿no es así?

—Sí, así es.

—Lo siento por ti, de verdad. Debe de haber sido muy duro. Pero piensa en la joyita que tienes.

—Eso es lo que me consuela, no cambiaría nada. Todo lo que he pasado ha sido porque así tenía que ser, estoy convencida. Yo no creo en las casualidades, el destino de cada uno de nosotros está marcado desde que nacemos. Ya ves que no soy tan buena persona como pensabas.

—No digas tonterías, lo que te ha ocurrido es la cosa más normal del mundo, a fin de cuentas tu pareja no te hacía caso. ¿Te has preguntado si no lo estaría haciendo a propósito para que le dejaras tú a él? Después de todo, así él quedaba en buen lugar.

—Ya lo había pensado, y en el fondo creo que así fue. No le dije nada a ninguno de los dos, ¿para qué? Así que decidí que Sofía sería solo mía.

—Entiendo —dije con toda la franqueza de que fui capaz en aquel momento de confesión entre las dos.

—Dime, Irene, ¿te gusta la vida que llevas aquí?

Me quedé pensando un poco, como meditando mi respuesta, y después de un breve silencio, le contesté con la voz un poco temblorosa:

—Sí, estoy contenta.

Ella me dijo, mirándome tranquila y pausadamente:

—Pero...

—Siempre hay un pero.

—Sí, lo sé. Si no siempre, casi siempre.

—Estoy bien aquí, me gusta tu país, es más, lo amo, de verdad, pero en el fondo de mí misma sé que esto no es para siempre. Se van forjando nuevos amigos en función del camino que uno toma a lo largo de su vida, dependiendo un poco de la dirección que escoja. Tengo ganas de llorar, no solo ahora, ¿sabes? Para mí es muy duro haber perdido a Pablo y ahora ya puedo hablar un poco de lo que me ha sucedido. Me duele el corazón, Kiara, cuando pienso que no volveré a verlo más. Ya no voy a escuchar su voz llamándome o preguntándome cualquier cosa, diciéndome lo mucho que me quiere. A veces cierro mis ojos y si me concentro puedo respirar el olor de su piel. Casi puedo notar su abrazo, su cabeza apoyándose sobre mi hombro a la hora de irse a dormir.

Comencé a llorar. Al hacerlo era como si se hubiera nublado el día. Algo me debía de estar pasando, era la segunda vez que me sinceraba en muy poco tiempo. Kiara me miró con lágrimas en los ojos y me dio un abrazo. Me sentí muy bien y se lo agradecí con la mirada. Y con un gesto lento, inclinando la cabeza, volví a darle de nuevo las gracias a aquella alumna mía hasta hace unos meses desconocida para mí.

—No quiero ver fotografías. Yo seré más vieja y él siempre será igual de pequeño, con una ropa pasada de moda que me dirá que esas fotos se tomaron hace ya mucho. Eso me dará una idea de cuánto tiempo habrá pasado y no podré tener ninguna fotografía nueva, porque no habré podido hacerlas. Tengo miedo de volver. No sé exactamente a qué me voy a enfrentar.

—Tienes que ser fuerte, yo creo que estás andando en la dirección correcta.

—Gracias, Kiara.

—Gracias a ti, tú también me has ayudado. ¿Sabes, Irene? yo creo, fíjate en lo que te digo, que vas a ser muy feliz en tu vida; y si no ya lo verás. No sé si en España o en Italia, pero una persona como tú lo va a conseguir. Ten paciencia, date tiempo.

—Eres un encanto. Te aprecio mucho, de verdad, y, ¿sabes una cosa?, ahora que las dos conocemos lo que nos ha pasado en la vida, creo que nos entenderemos mejor.

La niña se despertó con un llanto feroz, no cesó de llorar hasta que su madre la cogió en brazos. Entonces se calmó y volvió a quedarse dormida.

—Lo hace mucho, no quiere dormir sola, yo creo que nota que no estoy cerca de ella y se despierta.

—A mí me pasaba con mi hijo, él sabía que yo estaba a su lado porque me oía respirar, y entonces dormía a pierna suelta. Le echo mucho de menos, Kiara. Es un dolor insoportable.

—Ya sé que no es lo mismo, pero espero que Sofía mitigue un poco ese dolor que llevas dentro de ti, de verdad que nada me haría más feliz en estos momentos que saber que sientes un poco de alivio. Aunque no sea más que un poquito. Eres una buena persona y te mereces lo mejor.

—Gracias, tú también. Bueno, en un ratito me iré.

—¿Tienes que corregir?

—Hoy no voy a hacer nada, llevo los deberes, como dicen los peques, muy avanzados.

—¿Por qué no te quedas a cenar?

Dudé un poco, pero Kiara insistió y la verdad es que no me apetecía nada encerrarme de nuevo en casa aquel día.

—No sé, no quiero molestar.

—No es ninguna molestia. ¿No quieres ver cómo Sofía me llena la casa de agua? Aunque si no sabes nadar es mejor que te vayas. Porque es increíble, yo no sé, con lo pequeña que es, cómo mete tanto jaleo cuando la baño.

—Está bien, me quedaré. Te lo agradezco, de verdad.

—No seas tonta. Vas a probar mi ensalada de tomate con mozzarella y haremos un buen plato de pasta, eso nos quitará las penas, ya verás.

—Por favor, no la hagas al dente.

—Los españoles sois todos iguales, mira que os gusta la pasta recocida.

—¿Oye, guapa, tú a cuántos españoles has conocido?

—A unos cuantos, ¿qué te parece?

—¿Y me lo dices así?

—Bueno, verás…

Yo la interrumpí y entre carcajadas le dije:

—No, detalles no, por favor.

—Espera, es que no nos ha dado tiempo de llegar ahí. Escucha, mi madre era una italiana que veraneaba en Barcelona, mi padre era español, y se conocieron, se enamoraron y se casaron. Bueno, pues después de un tiempo, aquí que llego yo.

—Pero, ¿por qué no me habías dicho que tu padre era español?

—Me tenía el as guardado en la manga para ver qué cara ponías.

—Madre mía, así que tu madre era italiana y tu padre español, y sí que debían ser guapos, no hay más que veros a las dos. Tu padre era de Barcelona, claro, por eso hablas español.

—Veraneamos durante mucho tiempo en Barcelona. Pero poco a poco dejamos de hacerlo, mis abuelos paternos fallecieron y los hermanos de mi padre... bueno, pues que no tenían relación por problemas de incompatibilidad de caracteres. Así que en vez de ir a Barcelona terminamos por veranear en la Provenza, en una casa antigua que parecía una mansión. Era preciosa de verdad, un sueño. Mi padre la alquilaba todos los años y como ya nos conocían pues nos la reservaban. Aunque yo me seguía carteando con mis amigos, alguna vez volvimos a España a veranear, pero ya nada era igual, al final dejamos de hacerlo definitivamente.

De camino a casa no dejaba de darle vueltas a lo que Kiara me había estado contando. Me quedé sorprendida por todo lo que acababa de escuchar.

Mi vida siguió como hasta entonces lo había hecho, de manera tranquila, a pesar de que muchos días yo cuidaba de Sofía para que su madre pudiera estudiar. La verdad es que nos lo compaginamos como pudimos, pero al final resultó que podíamos hacerlo y fuimos saliendo adelante poco a poco. Yo les cogí un enorme cariño. Unas veces eran ellas las que venían a mi casa si hacía buen tiempo, y las más era yo la que iba a la suya, para que Kiara no sacara a deshoras a Sofía. Había días, como era lógico, que no nos veíamos, porque nos los cogíamos libres, eso decíamos bromeando. Mi alumna me enseñó que había que gastar días en hacer lo que nos viniera en gana o no hacer nada, simplemente hacíamos lo que nos apetecía en ese momento; Kiara según le dejaba su hija, y yo, según mi estado de ánimo. Los días eran cortos y fríos, a veces parecía como si una plancha de acero colgara sobre el cielo de la ciudad. Florencia se volvía gris, completamente fría. Como cualquier ciudad de Europa en invierno. Si una no tenía ninguna obligación, donde mejor estaba era en casa, calentita, viendo cómo la lluvia construía una cárcel con los barrotes de agua fluyendo como torrentes en los cristales de las ventanas del apartamento. Me gustaba ver cómo se detenían los coches en los semáforos, cómo se transparentaban las gotas de agua en los días lluviosos a través de las luces de los faros. Escuchaba el sonido de la lluvia golpear el techo de mi piso en Florencia y me recordaba mis inviernos en Valencia, donde me sentía tan a gusto. Especialmente cuando llovía me acordaba de mi casa, de mi gente. Empezaba a echar de menos sobre todo a mis padres y a preguntarme qué sería de Álex; en todo este tiempo no habíamos hablado. Y me quedé pensando si no sería todo aquello un síntoma de que las cosas estaban yendo mejor. Me despejé de mis pensamientos de un sobresalto al oír el sonido del teléfono. Avancé tan deprisa como pude por miedo a que colgaran. Era Paolo.

—Hola, ¿te cojo ocupada, puedes hablar?

—Sí, sí, no te preocupes, solo estaba absorta en mis pensamientos.

—Hace tiempo que no hemos hablado y en fin, me preguntaba si estabas bien. La verdad es que después de nuestra conversación de aquel día me quedé un poco preocupado.

—Gracias por acordarte de mí. Yo también he pensado últimamente en todo lo que hablamos, y la verdad es que creo que vamos a salir de esta, ya lo verás. Ten ánimo, poco a poco lo vamos a conseguir.

—Eso espero. Tengo un ejemplar de La madre, de Gorki. Es una primera edición, encuadernado en piel y ribeteado en oro, una maravilla. He pensado que podía interesarte.

—Debe ser precioso, pero, ¿de dónde los sacas?

—Tengo mis contactos, no me subestimes.

—Nunca lo he hecho. Dime el precio.

Siempre me había gustado hablar con Paolo, me parecía un

hombre sensato y culto, teníamos muchas cosas en común. Me gustaban las personas como él, serias y responsables con lo que hacen.

—No te preocupes por el precio, porque te lo regalo yo.

—No puedo aceptarlo, de verdad.

La voz de Paolo sonaba tranquila como siempre, jovial como él.

—Por favor, déjame hacerte un regalo; es solo un libro, me haría feliz que lo tuvieras tú y quiero que cuando lo veas, cada vez que lo mires, allá donde estés, te acuerdes de mí. Que te acuerdes de aquella tarde, cuando hablamos por primera vez de las tragedias de nuestras vidas. Como si nos conociéramos de siempre. Para mí significó mucho que confiaras en mí.

Asentí con la cabeza, aunque lógicamente Paolo no podía verme desde el otro lado, ni siquiera podía intuir el gesto. Me senté en el sofá y mientras hablaba con él dejé caer la cortina hacia un lado para poder ver el movimiento en el exterior, la vida en la calle.

—Para mí también fue muy importante poder hablar contigo y escucharte. Está bien, acepto el libro. Pero por favor, no más regalos, quiero comprártelos como hasta ahora.

—De vez en cuando me vas a permitir que te regale alguno.

—Bueno, cuando llegue el momento ya hablaremos.

Estuvimos charlando durante un rato y cuando por fin nos decidimos a colgar, me di cuenta de que ya era bien entrada la tarde. Puse en el equipo de música un CD de ópera. Me encantaba Puccini, Turandot. Era sublime y me recosté en el sofá a escucharla, estuve un buen rato así, cuando me decidí a corregir los trabajos de clase. Llevaba muy bien la asignatura, iba al día como suelen decir los estudiantes, pero quise aprovechar que me encontraba relajada para corregir. No había ningún trabajo tan bueno como el de Kiara.

Era sin lugar a dudas mi alumna más aventajada, era simplemente brillante. Se merecía que la ayudara, se esforzaba como nadie, y no solo académicamente hablando; procuraba no darme mucho que hacer con Sofía. Llegué a quererlas como si tuvieran mi sangre en sus venas, como si realmente fueran algo mío. Y ellas dos me habían ayudado mucho, aunque no lo supieran. Sentí mis hombros cargados por estar tanto tiempo en la misma postura y me levanté a prepararme un capuchino bien caliente. Fui con decisión a mi habitación y en el primer basal del armario cogí la rebeca beige de lana que tenía para estar abrigada y cómoda en casa. Era vieja, tenía su historia, pero me sentía muy a gusto con ella. Volví a corregir pero no podía, estaba inquieta, no sabía qué me pasaba. Me levanté de nuevo y mirando tras el cristal de la ventana vi las luces de las demás casas, los escaparates, era como si hubiera capturado un trozo de Florencia y lo hubiera depositado en aquel cuadrado que representaba la ventana del comedor. Me fijé de nuevo en la arquitectura italiana, tan diferente de la nuestra. Las casas con su almohadillado y sus plantas, diferenciando las alturas de los edificios.

Estaba intranquila y llamé por teléfono a mis padres, necesitaba hablar con ellos. Tan solo hacía dos días que habíamos mantenido contacto.

—Mamá, soy yo.

—¡Hija, qué alegría!

—¿Cómo estáis?

—Muy bien, ¿y tú, cómo estás tú, estás bien? Respiré hondo, y yo misma noté que mi voz sonaba diferente, era como si algo hubiera cambiado. Y en realidad así era.

—Sí, mamá, por primera vez en mucho tiempo me encuentro bien; no como antes, pero estoy bien.

—No sabes cuánto me alegro.

—¿Y papá?

—Está leyendo, ahora le llamo.

—Mamá, espera un poco, antes quiero hablar contigo.

—Tú dirás, hija.

Mi madre esperó a que yo le preguntara, noté su respiración y sin verle la cara la imaginé seria esperando que le dijera lo que ella ya sabía.

—Mamá —se hizo un silencio necesario, al menos para mí, porque necesitaba el tiempo justo para medir las palabras que iba a pronunciar acto seguido.

—No hace falta que digas nada.

—Pero no sabes lo que voy a decir.

—Yo creo que sí.

—¿Y qué es lo que voy a decir?

—Me vas a preguntar por Álex —de nuevo el silencio entre las dos creció, hasta que yo me decidí a romperlo.

—Sí, mamá. ¿Cómo está Álex?

—Está mejor, aunque el pobre lo lleva muy mal. Sabía que estabas pensando en él. Te conozco y sé que querías preguntarme por él.

—No sabía cómo hacerlo.

—¿Qué te pasa?

—Estoy bien de ánimos, mamá; bueno, todo lo bien que se puede estar, ya sabes, para mí nada será igual que antes, nunca, jamás, pero a veces le echo de menos. He perdido a mi hijo y a mi marido, la familia que había formado. Me encuentro un poco extraviada en ese sentido. ¡Ay, mamá, qué desastre de vida tengo!

—No digas eso, hija, cada uno tiene que vivir lo que le toca. A veces llama a casa y nos pregunta a tu padre y a mí si sabemos algo de ti. Sobre todo habla conmigo. Está muy mal, él dice que se le hace muy duro y que os ha perdido a los dos. Está yendo a un psicólogo. Y me dijo que le va muy bien. Dice que prácticamente no sale de casa y se pregunta qué es lo que pasará cuando tú vuelvas.

Respiré hondo de nuevo, esta vez no me importó que mi madre escuchara mi respiración profunda, mi forma de hablar más pausada de lo normal.

—No lo sé, mamá, yo le dejé que se quedara en casa porque no tengo nada decidido. Pero… no sé, de verdad.

—Hija, ¿tú le quieres?

—Mamá, yo… siento que le quiero, pero luego imagino que lo tengo delante, empiezo a pensar…

—¡Ay hija! Pues no pienses tanto. Mira, yo solo te voy a decir una cosa: es una lástima. Yo veo que os queréis los dos, y los dos estáis sufriendo. A lo mejor me equivoco, pero creo que deberíais superar la pérdida del niño y luego centraros en vosotros. Hija, esto que te voy a decir sé que es duro, pero tendrás más hijos. No nos vamos a olvidar nunca de Pablo, angelito mío, pero tendrás más hijos y serás feliz.

—Mamá, qué difícil es todo.

—Hija, ¿tú qué te creías? Pues claro, pero papá y yo os hemos enseñado a luchar y a no rendiros enseguida. Piénsalo con calma y ya verás, yo creo que vas bien.

Después de hablar con mi padre me sentí mejor. Por lo menos tenía ganas de hablar con ellos, les echaba en falta más de lo que hubiera imaginado tiempo atrás.

Hacía frío. Cené una taza de caldo y una tortilla francesa, me gustaba cenar ligero, si me acostaba enseguida me sentaba mal al estómago, si comía demasiado mi hernia no perdonaba. Mientras cenaba vi la película que ponían ese día. Nunca sabía cuál echaban, lo descubría en el momento; casi nunca las veía terminar y siempre las cogía empezadas.

La semana transcurrió tranquila, con mis clases. Cuidé de Sofía y fui dándome cuenta de que me llenaba de vida. A veces, estaba en la universidad y quería terminar cuanto antes para verla y estar con ella. Ni que decir tiene que la pequeña también fue cogiéndome cariño poco a poco y creo que hasta me echaba en falta. Kiara también se dio cuenta del detalle y de una vez me lo comentó, creo que lejos de estar cansada, porque lógicamente era más trabajo, me sentí rejuvenecida. Más viva. Todos los domingos por la mañana bajaba donde Paolo a rescatar algún libro de entre los muchos que él tenía siempre dispuestos para ser adquiridos por ojos ávidos de lectura. A veces, cuando tenía ganas de charlar sobre literatura, aunque no fuera domingo, acudía en su busca a la librería, ya que el puestecito solo lo ponía los domingos, y cuando él podía permitírselo nos íbamos a la cafetería de siempre, frente a la catedral. La misma a la que fui con Álex las veces que estuvimos en Florencia. Después de unas semanas con un tiempo estupendo, volvimos de nuevo a tener lluvia. Esa lluvia que a mí tanto me gustaba. Pedimos dos capuchinos bien calientes y escogimos la primera mesa desde donde divisábamos la calle; nos sentamos uno frente al otro. Llevábamos un rato hablando los dos cuando al mirar hacia fuera, vi a lo lejos una silueta. Me quedé observando. Oía a Paolo como de fondo, yo asentía con la cabeza como si le estuviera prestando atención, pero mi corazón latía de forma acelerada. Le reconocí nada más verlo, apenas un instante me bastó para darme cuenta de que era él. Pero, ¿cómo era posible? Le conocía. Sabía que llevaba un buen rato allí, observándome bajo su paraguas, mojándose con la lluvia que caía en aquel momento. Él había sabido que de encontrarme en un sitio, sería en aquella cafetería o en la galería de los Uffizi, y ahí estaba. Después de todo cuanto nos había sucedido, después de tanto dolor, él supo encontrarme. Al instante de mirar aquella figura, en unos segundos, supe que no podía ser ninguna otra persona más que él. Bajo la lluvia y lejos como estaba, yo podía advertir todo su dolor contenido, leí a través de las incansables gotas de agua, que no cesaban en su movimiento constante, su desilusión, pude ver su abatimiento.

—Paolo, perdóname, tengo que salir un momento. Vuelvo enseguida.

Paolo se quedó sorprendido, algo que a él se le escapaba estaba pasando y no sabía qué era, pero tenía la impresión de que fuera lo que fuese no era algo importante. Solo en el tiempo que tardé en colocarme el abrigo y en coger mi paraguas, cuando levanté la vista, había desaparecido su silueta bajo la lluvia. Como si hubiera sido un sueño, un espejismo. Pero yo sabía que lo había visto de verdad, era él. No tenía la más mínima duda. Y me sentí mal, aunque en aquel momento no sabía muy bien por qué.

Estaba segura de que Álex habría malinterpretado la escena que acababa de ver. Salí a la calle y corrí tras él bajo la lluvia siguiendo su rastro pero fue inútil. Volví con Paolo y le expliqué por qué había actuado de aquel modo. Él me miró, y por un momento me pareció ver algo de tristeza en su cara, mientras que hacía tan solo unos segundos nos estábamos riendo los dos allí sin más, charlando tan tranquilos, como si nos conociéramos de toda la vida. Al cabo de un rato me sentí ausente. Le pedí a Paolo volver a casa, así que me acompañó hasta la puerta. A nuestra vuelta el silencio nos envolvió, solo pronunciábamos alguna palabra de vez en cuando. En medio de aquel mutismo oíamos el ruido de los coches, la gente con su hablar de fondo, era el ruido de la vida cotidiana. Era el ruido de la vida, al fin y al cabo. Dejé de escuchar aquellos sonidos durante mucho tiempo. Pero ahora había sido capaz de volver a escuchar la vida, porque la vida son sonidos, olores, colorido. Todo eso y mucho más. Mis sentidos habían estado durante mucho tiempo dormidos, era un sueño profundo del que empezaban a despertarse. Caminábamos el uno junto al otro sin apenas decirnos nada.

—Irene, el curso se terminará dentro de nada como aquel que dice, ¿no es así?

—Sí, por desgracia sí.

—Me gustaría saber qué tienes pensado hacer. Paolo me miraba con el gesto serio, toda la tarde estuvo así, le noté como preocupado.

—¿A qué te refieres?

—Lo sabes muy bien, Irene.

Sabía perfectamente lo que quería decir. Sí señor, él quería saber si me quedaba en Florencia o volvía a España. Yo quise quitarle importancia a aquel momento, me hice la despistada.

—Creo que sabes la respuesta, Paolo.

—¿Era él, verdad?

—¿Cómo dices?

—Era él. Nos estaba viendo desde fuera, ¿no es así?

—Sí, Paolo. Era él. Sabía que de estar en algún sitio, una tarde lluviosa como la de hoy, estaría en esa cafetería. Era nuestra favorita.

Caminando sin prisa llegamos a casa, estábamos tristes los dos, aunque por motivos bien distintos.

—Irene, escúchame con atención, por favor.

Yo le puse una mano sobre la boca, intenté que no dijera nada, porque hacía tiempo que yo ya intuía lo que quería decirme. Pero no lo conseguí, estaba decidido a verbalizar lo que llevaba callando demasiado tiempo.

—Irene —dijo con voz muy suave—, Irene, te quiero. Te quise desde el primer momento en que te vi. Al principio me pareciste una mujer misteriosa y de una gran belleza. Luego, también cuando escuché tu timbre de voz, la dulzura con la que hablas envolviéndolo todo a tu paso me cautivó. Más tarde descubrí que además eras una mujer culta. Me enamoré, porque en el fondo sabía que eras especial. Me encantan tus ojos negros, grandes, tu piel oscura, tu cabello… Me enamoré de ti, de la clase de persona que eres, de la clase de persona que me haces sentir a mí cuando estoy contigo. Tienes unos valores que hoy en día escasean. Cuando no estoy a tu lado solo pienso en verte, en charlar tranquilos, sin prisas, así, sin más, dejando pasar el tiempo. Creo que hace mucho que sospechas mis sentimientos, y no te hubiera dicho nada de no ser por un hecho muy significativo. Verás, esta tarde, al verte, mientras tú perdías la mirada en él, me he dado cuenta de algo. No voy a decírtelo. Quiero que seas tú quien decida sobre lo que sientes. En la cafetería, tuve miedo de perderte. De perderte para siempre, Irene. Por eso te estoy diciendo esto. Te quiero, Irene, me iría hasta el fin del mundo contigo.

—Paolo, es lo más bonito que me han dicho en mucho tiempo, de verdad.

—¿Pero?

—Pero yo… quiero a mi marido.

—Lo sé.

—¿Cómo supiste que era él?

—A mí nunca me has mirado así.

Yo guardé silencio. Él tenía razón y los dos lo sabíamos.

—Paolo, tú me gustas, es verdad y creo que también intuías mis sentimientos hacia ti. Si este capítulo de mi vida estuviera cerrado, no te quepa la menor duda que tú serías la persona elegida para caminar a mi lado. Me gustaría poder estar contigo, pero no soy libre y amo a mi marido a pesar de todo lo que nos ha sucedido. Me he dado cuenta, hoy, de que le necesito para seguir viviendo, tengo que resolver las cosas, pero lo haré a mi manera, no voy a salir corriendo tras él. Paolo, cuando termine el curso me iré a España, no me puedo quedar aquí aunque quiera, solo tengo un año sabático y no puedo renunciar a mi plaza, me costó mucho conseguirla. No sé, en realidad, qué será de mi vida, pero si sé que no sería justo pedirte que me esperases. Entre otras cosas, porque no te puedo dar garantías de nada. De verdad, no sabes cuánto lo siento. Si estuviera sola, las cosas serían muy diferentes. Yo también me fijé en ti desde el primer día, me gustó que fueras alegre sin llegar a la exageración, me impresionó tu saber estar, y cuando te fui descubriendo también me di cuenta de que tienes unos valores que no son nada fáciles de encontrar hoy en día, a tu lado todo parece sencillo, es como si la vida se hiciera ligera. Siempre me has ayudado en los momentos difíciles y eso para mí tiene un gran valor. Luego está tu físico.

—¿Qué le pasa a mi físico?

—Sabes muy bien lo que le pasa a tu físico, eres un hombre

muy atractivo, tienes muy buena percha. Eres más alto que yo y me encanta que así sea. Dan ganas de abrazarte, ¿sabes? Me gustan tus manos. Me fijé nada más conocerte, son manos fuertes pero suaves, sin asperezas, y eso me encanta. Como ves, yo también me he fijado en ti. Pero mi corazón pertenece a otra persona. Nos hemos conocido en el momento equivocado, Paolo.

—Yo no pienso así.

—¿Y entonces qué es lo que piensas?

—Pienso que nos hemos conocido cuando debíamos hacerlo y no antes. Nuestro destino está trazado. Aquí en Italia creemos mucho en el destino. Irene, ¿no ves que nos hemos conocido por algo, que todo tiene un sentido, que nada es casualidad en la vida?

—Paolo, estás muy convencido. De verdad que lo siento, siento no poder decirte más.

—Irene, yo te esperaré todo el tiempo necesario, porque sé que así debo hacerlo. Tú haz lo que tu corazón te dicte, yo lo voy a respetar, pero déjame que sea yo quien juegue con mis cartas. Por favor, quisiera que todo siguiera como hasta hoy entre tú y yo, no me gustaría perder tu amistad.

—¿Por qué tienes que perder mi amistad? Yo no quiero perder un amigo como tú por nada del mundo. Pero tampoco me gustaría hacerte daño. De verdad que no.

—Irene, ¿te puedo dar un abrazo?

—Claro que sí, después de todo somos amigos, ¿o no?

Nos fundimos los dos en un tierno abrazo. Cerré mis ojos y me sentí bien, cómoda, me gustó el calor de su cuerpo cerca del mío, el olor de su piel. Tenía una sonrisa que cada vez me gustaba más. Pero también pensaba en Álex y en lo que estaría pasando por su cabeza.

Una vez en casa no sabía qué hacer, si llamarle o no. Si le llamaba me estaba justificando y si no lo hacía, sin haber nada entre Paolo y yo, me sentía como si le estuviera engañando, aunque excepto a efectos legales estábamos separados. Finalmente pensé que Álex se merecía un respiro por mi parte, había sufrido mucho y se lo debía. Marqué el número de su móvil. Sonó varias veces, hasta que finalmente descolgó el teléfono.

—No hacía falta que te hubieras molestado en llamarme —me dijo con voz muy seria.

—Estás equivocado en todo, no es lo que tú piensas, Álex.

—¿Y qué sabes tú lo que yo pienso?

—Te conozco lo suficiente para saberlo, es así y sabes que estoy en lo cierto. Solo es un amigo, un buen amigo. Pero no hay nada entre nosotros. Me has visto con él como podías haberme visto con otra persona.

—Sí, pero te he visto con él.

—Tienes que creerme.

—Quiero creerte, pero me lo has puesto muy difícil.

—Lo sé y te entiendo. ¿Por qué te has ido? No me has dado ninguna oportunidad, sabes que es verdad lo que digo.

—¿Cómo estás, Irene?

—Lo llevo. Y puedes decirlo sin miedo; ya no tengo miedo a pronunciar su nombre. Pablo sigue conmigo, seguirá siempre en mí. Hasta el final de mis días. Y no es que no me duela el corazón, es solo que aquí, a fuerza de estar sola, he aprendido a superarlo, a vivir con el dolor. Porque ya mi vida no es otra cosa que sobrevivir, sobreponerme a la pérdida de Pablo. Tenía que intentarlo para no volverme loca y creo que lo estoy consiguiendo. Me ha costado mucho, ¿sabes?

—Irene, ¿qué va a pasar con nosotros? ¿Qué será de nuestras vidas?

—No lo sé, de verdad que no lo sé. ¿Te acuerdas cuando veíamos casos en la tele de padres que habían perdido a sus hijos y lloraban? Nunca creí que me pudiera pasar a mí, jamás pensé que lloraría mares enteros, océanos de lágrimas.

—Eres más fuerte de lo que crees, no tienes fe en ti, pero de verdad, eres más fuerte que yo.

—No digas tonterías. Tú llevaste esto mucho mejor que yo.

—Estás muy equivocada, cuando nadie me veía me encerraba en la habitación de Pablo y lloraba como un niño pequeño. Yo también le echo de menos. ¿Te has parado a pensar en mí, en lo que yo estaba sufriendo? Perdí primero a mi hijo que es lo más grande que un ser humano puede tener en la vida, sangre de su sangre, su propia carne, y luego perdí a la mujer que amo, a la mujer de mi vida. Me quedé vacío sin ti y sin él. Si quería tener la más mínima oportunidad de recuperar lo nuestro tenía que dejarte hacer. Sé que de otra manera te hubiera perdido para siempre. Te conozco demasiado. Aun así, te he perdido igualmente, qué más da.

—Si piensas eso de mí es que no me conoces en absoluto. Paolo es un buen amigo, me ha ayudado mucho y no es el único que tengo aquí. Es un buen hombre, de verdad, y además es el dueño de una librería con mucha solera en Florencia, sabes cómo soy con los libros y él me proporciona ejemplares muy interesantes. Hablamos de arte, de literatura, ya sabes, además los fines de semana pone un pequeño puesto cerca de casa.

—Ya, ya sé.

—¿Me crees entonces?

Se hizo el silencio, yo sabía lo que me iba a decir, pero también sabía lo que pensaba, aunque en aquellos momentos no quería reconocerlo.

—Quédate tranquila. Te creo. Irene, ¿qué será de nosotros?

—No lo sé. Lo único que sé es que tienes todo el derecho del mundo a intentar ser feliz de nuevo sin mí, pero si decides luchar por salvar nuestro amor creo que podríamos intentarlo.

—Yo creo que vale la pena intentarlo.

—Sí, yo también lo pienso.

—No será fácil, sobre todo cuando vuelvas a casa, es lo que más miedo me da.

—No tengas miedo, creo que estoy preparada, además no me puedo quedar aquí indefinidamente, mi vida, mis amigos y mi familia, mi trabajo, todo lo tengo en España.

—¿Volverás cuando termine el curso?

—Sí, así es. Voy a intentar dejar preparados los exámenes para septiembre pero los corregirá otro profesor. ¿Dónde estás ahora?

—En el aeropuerto, mi vuelo sale dentro de un cuarto de hora. Vine haciendo una locura, lo que nunca hago, solo quería verte y si me atrevía, ¿por qué no? tomar algo contigo en nuestra cafetería, porque sabía que de encontrarte sería allí o en la galería. Y no quise decir a tus padres que venía porque no sabía si me atrevería a hacerte frente. Lo más probable era que me hubiera ido así sin más. Me conformaba solo con verte.

—Lo siento, de verdad.

—Tranquila. No importa.

—Bueno, entonces que tengas un buen vuelo, cuídate.

—Irene, te quiero.

—Yo también te quiero, Álex. Me hubiera gustado mucho hablar contigo, estar contigo.

—A mí también me hubiera gustado que las cosas hubieran sido de otra manera.

—Estaremos en contacto.

—Sí, te llamaré mañana.

—De acuerdo, besos, ciao.

—Te quiero.

—Yo también a ti.

Las semanas fueron pasando más rápidas de lo que en un principio me hubiera gustado. Todo adquirió tintes de cotidianeidad. La rutina diaria hacía que me sintiera bien. Por una parte, estaban mis paseos de camino a la facultad, aquellos paseos diarios que tanto me gustaban porque me dejaban ver las cosas que de otra manera hubieran escapado a mis sentidos. El olor a tierra mojada de los jardines en los días de lluvia, los colores verde apagado y ocre de las hojas de los árboles en el otoño, el sol en la primavera, la gente charlando amigablemente de sus cosas al pie de una tienda o mientras comían un trozo de pizza y caminaban tranquilamente, sin prisas, porque si algo aprendí durante mi estancia en Italia, entre otras cosas, es que la prisa no es buena. En cambio, la siesta es maravillosa. Los días de primavera el aire era limpio, transparente, y la brisa mecía los toldos blancos y rojos o verdes de los puestos del mercado. Los niños correteaban jugando en las plazas y el sol iluminaba todo aquel marco. Sobre el fondo azul de la cúpula celeste, abrazando blancas e hinchadas nubes de algodón, la gente comía helados por doquier y me sentía bien, esa es la verdad.

Dejé los exámenes de septiembre preparados y pude volver a España. Sentí tristeza en el fondo por dejar a mis alumnos y a los nuevos compañeros de trabajo que durante ese año había hecho en la Universidad de Florencia. Volví a meter mis cosas en cajas igual que lo hiciera un año antes para venir a Italia, pero ahora lo hacía justo para lo contrario, para irme. Volví a España, sabría si era capaz de enfrentarme a mi vida de nuevo. Yo pensaba que sí, no sería fácil pero me sentía con fuerzas de intentarlo. Cuando tuve todas mis cosas embaladas me dejé caer como un fardo en el sofá y comencé a llorar. Lloraba mientras me tapaba la cara con las manos. Lloraba porque en el fondo de mí misma sentía pánico a no ser capaz de estar allí, porque en el fondo tampoco estar en Florencia era lo que yo quería, no de forma definitiva. Tuve miedo, a pesar de sentirme preparada pensé que por nada del mundo podía volver a fallar. Me asomé por última vez para contemplar la avenida, volví a ver los grupos de turistas camino de la catedral, la gente caminando, como siempre volví a ver la rutina de las vidas humanas. Cerré mis ojos en un intento por querer retener de nuevo en mi mente, a través de aquel trocito de ventana, la vida en Florencia. Quería recordar aquella imagen siempre en mi cabeza, cerrar los ojos y poder tener aquella visión. Me despedí de Kiara y de Sofía.

—Kiara, no te olvides de que en España tienes una familia, y que allí tienes una casa para ti y para tu hija.

—Gracias, Irene. Te deseo lo mejor, te lo mereces.

—Espero veros pronto a ti y a Sofía, lo sabes,

¿verdad?

Kiara asintió con la cabeza y yo sostuve en mis brazos a la pequeña Sofía por última vez antes de partir hacia España.

—Todo te va a ir bien a partir de ahora, confía en mí.

—Irene, estas bien ¿verdad?, quiero decir; ¿te sientes con fuerzas de empezar de nuevo allí?

Yo guardé silencio un instante y miré a Sofía, la abracé, atrayéndola más hacia mi pecho y la besé en su pequeña carita. La niña me miraba y me sonreía todo el tiempo.

—Sí, Kiara, estoy bien. Tengo que intentarlo, no podré vivir el resto de mi vida si no lo intento al menos. Siempre he querido a Álex, desde el primer momento en que lo vi cuando éramos estudiantes. Y he sido muy dura con él, pero no podía ser de otra forma, yo lo sentí así en aquel momento.

Volví a casa y empecé de nuevo con Álex. La muerte de nuestro hijo supuso un antes y un después en nuestras vidas y aunque nada fue como antes, fuimos felices. Al principio me costó bastante habituarme de nuevo a todo, a las clases, la familia, los amigos, el trabajo y a Álex. Nuestros cuerpos se conocían a la perfección, se acoplaban perfectamente en nuestros momentos más íntimos. Pero no quedaba nada de la pasión que antaño sentíamos el uno por el otro. Al menos había desaparecido en mí. Álex no hablaba mucho de nosotros como pareja, de nuestro futuro. Él me decía siempre que quería vivir el presente. Yo le quería pero no de la misma forma en que le había querido desde la primera vez que lo vi. Hoy pienso que después de perder a Pablo, se perdió todo lo que una vez hubo entre nosotros dos. No quise volver a equivocarme, no quise tomar una decisión precipitada, después de todo, los dos nos merecíamos una segunda oportunidad. Hoy lo veo así, pero tardé un tiempo en darme cuenta de lo que realmente sentía por Álex, le quería, de verdad que le quería. Pero no como se debe querer al ser amado, no como quieres a la persona más importante de tu vida.

Álex también lo pasó tan mal como yo después de la muerte de Pablo. El jefe de departamento de la facultad, me dijo lo que nadie se atrevió a decirme, y lo que yo me negaba a admitir. Ya lo había intuido, pero me negaba a creer que pudiera ser verdad.

—Irene, siéntate anda. ¿No tienes clase hasta dentro de un rato, no?

—Dime, ¿de qué quieres hablar? Es de Álex, ¿verdad?

Lo habían propuesto como jefe de estudios hacía ya varios años y la verdad era que teníamos una buena relación de trabajo, sabía que apreciaba mucho a Álex.

—Sí, es sobre Álex. Quería preguntarte cómo está.

—Bien, de momento yo lo veo bien. Hombre, ¿a quién quiero engañar? no estamos ninguno de los dos como para tirar cohetes, a ver si me entiendes, pero intentamos sobreponernos a la tragedia que nos ha tocado vivir.

Yo me senté al otro lado de la mesa y me sentía como si estuviera en la tutoría de alguna de mis asignaturas, como cuando estaba estudiando. Hubiera bromeado sobre el asunto, de no haber sido porque el tono de la conversación era bastante serio, y no había lugar.

—Irene, ¿te lo ha contado Álex?

—¿Contarme qué?

—Cuando murió vuestro hijo, Álex comenzó a beber un poco más de la cuenta. Tuvimos algún pequeño problema con él, nada serio, algo sin importancia, pero tuve que hablar con él. Cuando te fuiste a Italia, la cosa pasó a mayores y comenzó a beber más. Estuvo unos meses en una terapia de desintoxicación.

Yo intuía algo, pero no sabía la gravedad de la situación. Mi interlocutor me estudiaba y eso me ponía nerviosa, nunca me gustó. Pero era algo característico en él.

 ¿reluctant?

—La verdad es que le he notado muy reacio a la bebida últimamente, sospechaba algo.

—Tuve que hablar con él, le invité a mi casa y se lo dije: «A tu hijo no lo puedes recuperar ya, pero a tu mujer sí y, si sigues así, la vas a perder también a ella».

—Gracias por ayudarle.

—Irene, eres tú quien más le puede ayudar.

Estuvimos charlando cerca de una hora, hasta que nos dimos cuenta de que teníamos que reanudar las clases. Mi vida al lado de Álex era una continua lucha. Luchaba por recuperar el amor que sentía por él, luchaba por sobrevivir, simplemente por el día a día. Álex y yo luchábamos por recuperar lo que un día tuvimos, y yo intenté comprenderle, apoyarle en todo. Él se deshacía en halagos y en cumplidos hacia mi persona. Estaba más cariñoso que nunca. Poco a poco fuimos retomando nuestra vida en común, nuestras pequeñas parcelas de amor se iban recuperando con el día a día. Y aunque los dos sabíamos que no era como antes, sentíamos que nuestra relación se iba fortaleciendo poco a poco. Recuperamos a los amigos, así que volvimos a salir los fines de semana con ellos. Otros, nos íbamos a la nieve o simplemente nos quedábamos en la ciudad y salíamos al cine, después de cenar en el restaurante de siempre, el de la esquina. Los dos poníamos de nuestra parte para que esta vez todo saliera bien, para hacer como si nada hubiera pasado en nuestras vidas. Necesitábamos que saliera bien.

—Irene —me dijo tomando mis manos.

—Dime.

—Creía que te perdía, de verdad llegué a pensar que te perdería para siempre. Casi me vuelvo loco — me miraba, a punto de resbalar el llanto por sus mejillas y la voz quebrada por la emoción.

—Lo sé, te pido perdón pero yo no podía reaccionar de otra forma.

De verdad sentía una profunda tristeza en mi interior, pero no pude hacer otra cosa, yo lo sabía y él también. Cenamos sin prisas, como siempre. Aquella noche Álex estaba especialmente emocionado. En mi interior yo luchaba con todas mis fuerzas porque esta vez saliera bien, tenía que salir bien. Nos lo merecíamos los dos. Durante aquellos meses, tuvimos más risas que llanto, mas amor que nunca. Era un amor distinto sí, pero era amor al fin y al cabo. Mi vida a su lado estaba llena de amor, de ternura y de comprensión. Yo procuraba hacerle feliz, pero creo que no pude. Y él se resignó a vivir el resto de su vida a mi lado de aquella forma, intuía que forzarme a ser la misma mujer que había sido antes precipitaría el fin de nuestra relación, así que hicimos un pacto tácito. Él me aceptó como era ahora, aceptó a la nueva mujer que había surgido en mí a raíz de la muerte de nuestro hijo y yo acepté la relación que tenía con él, cimentada en el recuerdo de nuestra relación anterior. Y supe que debía luchar, se lo debía a Álex.

Álex le gustaba mucho hacer deporte. Así que un día como tantos otros salió a correr, era fin de semana, solo lo hacía los sábados y domingos por la mañana. Después desayunaba y leía el periódico sentado en la terraza, yo me unía a él cuando me levantaba y leía durante un rato.

—¿Qué estás leyendo?

—Leo el último relato de Kiara, está pensando en publicar todo lo que tiene escrito.

—Esa chica es muy inteligente.

—Eso mismo pensé yo en cuanto la vi, voy a releerlo, cada vez que lo hago le saco algo nuevo. Esta será la tercera. Le diré cuando la llame que eres su fan número uno.

Yo le miré con cariño y me dispuse a leer el relato de Kiara:

«El otoño había hecho su aparición invadiendo las calles con su paleta de tonos beige y ocres. Las aceras de las grandes avenidas de la ciudad se habían llenado de esas tonalidades otoñales, mientras las hojas comenzaban a caer de los árboles como si nada. En las copas de los arboles solo se veían las ramas que el viento agitaba. Pensé que en cualquier momento sonaría el teléfono y me darían la noticia, pero no imaginé que fuera aquel día precisamente. Y es que si uno lo piensa bien, ningún día era bueno para algo como lo que iba a escuchar, aunque en mi fuero interno sabía que tarde o temprano sucedería. Cuando sonó el teléfono, escuché la voz de mi prima algo ronca a causa de un fuerte constipado.

—¡Hola! —me dijo.

—Hola —contesté yo sabiendo que detrás venía algo peor.

—Mira, te llamo para decirte que mi padre se encuentra muy mal y, en fin, no creo que pase de esta noche.

—¿Qué ha ocurrido?

—Bueno, entró con un constipado, en casa lo hemos cogido todos y, la verdad, que son ya ochenta y siete años y lo que nos ha dicho el médico, que nos vayamos haciendo a la idea de que está pidiendo pista para despegar. En fin, que mañana posiblemente estaremos en el tanatorio de enfrente del hospital que es el que tenemos contratado.

—No sé qué decirte, si tan segura estás.

—Tranquilo, no digas nada, no hace falta.

—Bueno, me es imposible acercarme, me estaba preparando para irme a trabajar, te llamaré cuando salga a las diez, ¿te parece bien?

—No te preocupes, y si ves que no puedes, tú tranquilo. Venga, hasta luego.

Al colgar me pregunté de qué me sorprendía, hoy era ese día cualquiera. Después de trabajar y aunque era ya una hora no muy oportuna para hacer visitas entré por la puerta de urgencias y todavía pude ver a mi tío con vida, con la poca que le quedaba porque se le escapaba por momentos. Al cabo de más de hora y media mi tío tuvo una crisis y ya no hubo nada que hacer. Fue algo rápido y tranquilo, así que después de ayudar a mi prima con todo el papeleo me fui a descansar a casa prometiéndole que nos veríamos al día siguiente. Entré en el edificio gris situado junto al hospital. Era un edificio frío, nada acogedor, estaba medio vacío, y poco a poco iba llegando la gente: familiares, vecinos, amigos de toda la vida y nuevos... Al entrar, no pude evitar abrazar a mi prima y sin cruzar palabra encaminé mis pasos hacia donde estaba mi tío, o lo que quedaba de él. Rocé con mis manos el frío cristal y al contemplarlo una punzada de dolor me atravesó el corazón. Me recordaba tanto a él, se parecía tanto. Habían pasado más de treinta y tres años, pero su recuerdo sigue tan vivo en mí, como si la última vez que hubiéramos hablado hubiera sido ayer mismo.

El parecido era enorme, su hermano y él eran como dos gotas de agua; en vida se parecían, pero no se habían parecido nunca tanto como ahora. Cuando quise darme cuenta, dos lágrimas resbalaban por mis mejillas y lo que oía a mí alrededor era tan solo un murmullo de voces ininteligibles que llegaban hasta mí como un eco lejano. No entendía lo que decían, se habían convertido en eco, en algo monótono, hasta que dejé de escucharlas y me di cuenta de que ahora tenía siete años.

Sin ningún género de dudas, aquella era la casa de mis padres. La entrada grande con aquel recibidor en donde había un sofá de tres plazas y dos sofás más de una plaza colocados de forma estratégica, como las piezas de un tablero de ajedrez, a cada lado del sofá de tres. Una mesa pequeña de madera oscura y mármol, y entrando a mano derecha, la habitación de mis padres con la ventana que daba a la calle. Siguiendo recto se encontraba el comedor y dos habitaciones, una donde dormía yo con mi hermano y otra en la que dormía mi hermana sola. Como era la única chica, no tenía que compartirla. El comedor estaba entre las dos habitaciones y la cocina alargada, con un pequeño cuarto de baño al lado. En medio de la cocina, una gran terraza donde mi madre cuidaba toda clase de plantas, siempre le gustaron mucho. Y arriba, subiendo una pequeña escalera, teníamos conejos y gallinas. Si te asomabas al patio de al lado, la casa estaba vacía. Mi madre solía decir que ahí debía de haber cada rata... Recuerdo a mi padre sentado en el sillón justo al lado de la ventana, leyendo el periódico. En aquel momento estaba leyendo Anatomía de un asesinato. No lo terminaría, encontré años más tarde el separador entre las hojas a mitad del libro.

Yo me mantenía viendo la escena cuando, de repente, mi padre levantó la vista de su lectura y mirándome con gesto serio, me preguntó:

—Hijo, me voy a poner ya a trabajar un rato, ¿quieres ayudarme?

—Bueno, ¿y qué quieres que haga?

—Pues mira, ponte a embastar las telas que te voy a dar.

—Vale.

Mi padre se colocó las muletas y a continuación preparó su mesa de trabajo. Colgaba en una hilera la labor que tenía para hacer, era el único sastre en todo el pueblo y no le faltaba la faena, nos alcanzaba para vivir dignamente, si bien es verdad que no nos sobraba. Al cabo de un buen rato de estar ayudando a mi padre, mi madre me dijo:

—Hijo, ¿hoy cómo te ha ido en clase?

—Muy bien, mamá, oye, ¿por qué no me tomas la lección?

—Pero te la tendrás que repasar primero, ¿no?

—No hace falta, ya me la sé.

—Pero, ¿cómo te la puedes saber? ¿La has repasado?

—No me hace falta, con lo de clase tengo de sobra.

Mi madre, asombrada, me tomaba la lección y viendo que me la sabía me sonreía con dulzura; y mi padre que nos escuchaba a los dos asentía con satisfacción.

Estaba viendo por primera vez desde hace más de treinta años a mi padre, treinta y tres para ser exactos, y a mi madre, que hacía ya once...

Los ojos de un niño son inocentes, no tienen maldad. Cuando eres un niño piensas que tus padres van a vivir siempre, que son inmortales y pueden con todo. Cuando creces te das cuenta de que la vida es otra cosa. Porque vivir es algo muy sencillo, pero a la vez es lo más complicado del mundo. Volví a sentir el olor a aceite de oliva invadiendo toda la casa a la hora de la cena, volví a sentir de nuevo las manos de mi padre acariciándome la cabeza, los brazos de mi madre fundirse en un abrazo conmigo. Sentí otra vez la impaciencia, la alegría de estar todos juntos de nuevo, a mi corazón rejuvenecerse, y me quité por unos minutos la pena que tanto me pesa ahora que he perdido a todos los míos. Porque de una manera u otra la pérdida es real. Uno puede perder a un ser querido de muchas formas, pero el resultado es el mismo. Y yo los había perdido hacía mucho tiempo a todos. Mi vieja calle me parecía la más larga de todas las que había visto, y mi casa, la más bonita. Mis padres eran los mejores padres que un hijo puede desear y es que hay cosas que no cambian. Hay sentimientos que el paso del tiempo no consigue alejar del corazón de uno. Ahora ya no vale mirar atrás, ¿para qué? Es tontería, solo queda mirar hacia delante y transmitir todo lo que uno lleva dentro. Quién sabe si algún día pueda interesarle a alguien, tal vez a un nieto, a un hijo...

Volví a la realidad de nuevo, hacía frío. Mucho frío. Las hojas de los árboles se arrastraban mecidas al compás del viento helado, que azotaba mi rostro como una bofetada a cada paso que daba.

Regresé a casa caminando y cabizbajo pues mi corazón soportaba una pesada carga, la soledad.»

Cerré el relato de Kiara y me quedé pensando en ella, me encantaba su estilo, su forma de describir las cosas. Al final lo consiguió, Kiara escribió un libro de relatos con todas las historias que su abuela le había contado.

Aquella mañana, Álex salió a correr un poco más temprano de lo habitual. Yo me quedé despierta, estaba leyendo El ardor de la sangre, un libro de Irene Nemirovski que me tenía muy enganchada, hacía mucho que no leía algo tan interesante. Estaba con el ansiosa por leer, así que me quedé en la cama antes de prepararme el desayuno, salí a la terraza del comedor y me senté en el balancín de color crema que teníamos justo en un lateral del porche, donde tanto me gustaba leer. Era muy cómodo. Álex salió como siempre hacía a esa hora de la mañana para correr un poco antes del desayuno. Me dio un beso y me dijo:

—Te quiero. Enseguida estoy aquí, espérame para desayunar, ¿vale?

Le contesté que sí con un movimiento de cabeza. Abrí el libro por la mitad, donde unas horas antes, la noche anterior me había quedado, y comencé a leer. No pasaron ni dos minutos cuando oí el ruido de un frenazo, se me encogió el estómago, no sé exactamente lo que pensé, pero me inquieté y detuve la lectura. Oí mi propia voz gritando:

—¡Dios mío, no!

De repente ya estoy en el asfalto de la carretera y Álex a mi lado, tumbado en el suelo boca arriba. Yo le sostengo entre mis brazos.

—Irene, perdóname.

—No seas idiota, ¿por qué te tengo que perdonar?

—Lo sabes muy bien. De verdad que lo siento.

—Calla, no hables y guarda fuerzas.

—No, quiero decirte algo.

—Vale, pero quiero que estés tranquilo. Te quiero, mi amor, tranquilo, cariño.

—Perdóname, lo he fastidiado todo. Quiero que sepas que no me arrepiento de nada, bueno, sí, de una sola cosa: de no haber tenido el valor suficiente para hablarte cuando te vi aquella vez en Florencia. Me quedé mirándote bajo la lluvia no sé durante cuánto tiempo, simplemente te veía sonreír y me conformé con eso. Has sido una compañera estupenda y una madre maravillosa.

—No te despidas todavía, mi vida.

Lloraba desconsolada mientras no paraba de pedir una ambulancia. El conductor del camión no dejaba de llevarse las manos a la cabeza mientras se disculpaba y decía que ya estaba en camino.

—Irene, te he querido como a nadie y siento mucho haberlo fastidiado todo, lo siento de verdad.

—No hables así. No pasa nada, todo se va a arreglar, ya lo verás.

—Esta vez no. Eres la mujer que todo hombre desearía tener, la compañera perfecta para caminar por la vida. He sido muy feliz contigo a mi lado. Tienes que luchar, ¿me oyes? Ya has visto lo que cuesta salir a flote, así que no te hundas ahora. Me llevo todo tu amor y para mí es más que suficiente, doy gracias por haberte conocido, Irene, mi amor. Te amo.

—Yo también he sido muy feliz a tu lado. Te amo. Pero no dices más que tonterías, verás cómo vamos a salir juntos de esta.

—Lo que tú digas.

Álex no tenía fuerzas para hablar, sus ojos se cerraban cada vez durante más tiempo, yo le veía alejarse de mí cada segundo un poco más. Repetía lo mismo constantemente, sin cesar...

—Mira en Mendel, Mendel...

—Pero qué dices, no me gusta lo que estás haciendo, ¿sabes?

—Tengo frío, Irene, ya no tardará mucho, ¿verdad?

—Tranquilo no tardarán mucho mi amor, te quiero, aguanta un poco, mi vida.

—Recuerda mirar en Mendel.

En aquel momento pensé que Álex empezaba a desvariar. Y así, entre mis brazos, Álex murió. Fue el último invierno que pasamos juntos. Álex había perdido la vida en aquel trozo de asfalto, murió entre mis brazos diciéndome lo mucho que me quería, me miró a los ojos y con los suyos llenos de lágrimas me pidió un beso, el último. Grité de dolor y pensé qué más podía pasarme ya en esta desdicha de vida.

P asó el tiempo. Nunca perdí el contacto ni con Paolo ni con Kiara y Sofía. Siempre que podía la llamaba para saber de ella, pero también de los progresos de la niña. Kiara sacó matrícula de honor en mi asignatura y se licenció con un buen expediente académico. Le propuse venir a España a estudiar, yo tenía un piso vacío muy cerca de la casa donde estaba viviendo; se lo ofrecí, naturalmente le dije que si quería estar en casa era bien recibida, pero que entendía que quisiera su independencia, así que me dijo que se lo pensaría. Aquí podía cursar sin ningún problema el doctorado y yo podría echarle una mano.

Un buen día, viernes, y tras más de un año sin tener a Álex conmigo, llegué a casa y le vi. Estaba esperándome con una maleta en la mano. Yo pensé que era un sueño, no podía ser. Mi corazón latía con una fuerza que casi había olvidado. Sentí un vuelco en el estómago. Hacía un día soleado sin nubes en un cielo completamente despejado. El aire era limpio y fresco. Un radiante día de primavera.

—Paolo, ¿qué haces aquí?

—Dímelo tú.

—¿Cómo dices?

—Sí, dímelo tú, porque yo no sé si he venido a verte unos días o he venido a quedarme.

—¿Lo dices en serio?

—Te dije que te esperaría, sabía que tú y yo nos habíamos conocido por algún motivo. Yo te quiero, Irene, eso ya lo sabes, y entiendo que has pasado por un trance muy difícil, pero me gustaría pasar el resto de mi vida a tu lado, contigo seré feliz aquí, o en Italia. No me importa, si tú me quieres cerraré la tienda, puedo abrir aquí una librería y los libros pueden viajar igual de un país a otro, ¿no te parece?

—Paolo, te quiero, pero entiende que…

—No digas nada.

Me tomó entre sus brazos y me besó. Fue un beso nuevo, diferente, pero cálido y sereno como nuestro amor. Paolo me sorprendió, se decidió mucho antes que Kiara, la cual al final vino también a España. Al principio se instaló con Sofía en mi piso, pero cuando terminó el doctorado se casó con un compañero de los estudios de posgrado, un buen chico. Las quiero como si fueran de mi familia.

Un día elegí para leer una vez más a Zweig, tomé entre mis manos mi libro favorito de aquel escritor que tanto me fascinaba. Una vez más iba a releerlo, lo sostuve unos instantes y abriéndolo por la mitad, me lo acerqué en un movimiento autómata y aspiré el olor a papel, me encantaba aquel olor, era como volver a la niñez, me hacía evocar los primeros días de clase, el olor a los lápices de colores, los libros nuevos… Dentro, encontré una carta, la letra era de Álex. Entonces recordé lo que no dejaba de repetir antes de su muerte. Mendel fue el libro que él me regaló al día siguiente de saber que íbamos a ser padres. Por eso era tan especial para mí. A pesar de que era muy feliz con mi nueva vida, nunca les olvidé a ninguno de los dos. A veces me preguntaba qué hubiera ocurrido si Pablo hubiese seguido con vida, y

en lo diferente que podría haber sido todo. La leí en silencio, con manos temblorosas, aquella noche de lluvia.

Querida Irene:

Sé que cuando leas esto yo no estaré aquí contigo. Desconozco aún los motivos pero sé que no estaré a tu lado. Me alegro de que seas feliz. Porque sé que eres feliz de nuevo y no te culpo. Te lo mereces, has sufrido mucho. Yo estoy feliz también de verte a ti. Me quedo más tranquilo. Pero no llores, es normal, de verdad lo comprendo, no te martirices por ello. Solo siento no ser yo el que ocupe ese lugar. Parece un buen tipo Paolo.

¿Que cómo sé que es él quien ocupa tu corazón? Porque desde lejos vi cómo le mirabas y cómo te miraba él. Solo era cuestión de tiempo o del destino, yo no lo sé muy bien del todo.

Recuerda que te quiero, y que siempre has sido, junto a nuestro hijo, lo más importante de mi vida. Gracias por acompañarme en mi caminar. Te deseo lo mejor allá donde vayas, sé que todo te va a ir bien en la vida porque eres una luchadora. Cuando pienses en nosotros quédate tranquila, yo cuido de Pablo, así que aprovecha la oportunidad de ser feliz, no todo el mundo la tiene. Eres un ser privilegiado. Siempre estarás en mi corazón. No llores más, cielo. Ahora sí. Adiós. Te querré siempre, mi amor.

Álex

Terminé de leer la carta y, con mano temblorosa, me la acerqué al corazón. La volví a doblar, después de un rato la metí de nuevo dentro del libro. Lo sostuve entre mis manos durante mucho tiempo, mientras contemplaba cómo una suave llovizna caía lentamente. Ahora tenía una nueva vida. Él lo sabía, lo supo desde aquel momento y nunca dijo nada. Eso es lo que más me sorprendió de Álex.

Al día siguiente, nos dieron los resultados de la amniocentesis; era una niña. Paolo y yo íbamos a ser padres de una niña. Comenzaba así una nueva vida para mí.

AGRADECIMIENTOS

Me gustaría dar las gracias a todas y cada una de las personas que han confiado en mí. Sin ellas, no hubiera sido posible escribir una sola palabra. En especial a mis hijas Lorena y Marta que tanto me han enseñado sin ellas saberlo. Me han devuelto el recuerdo de cosas que tenía olvidadas en mí memoria. A mis padres José Luis y Eloina que son el espejo en el que me miro cada día, ellos han dirigido mis pasos por la vida. Sin su labor, no sería hoy la clase de persona que soy. A Pepa, mi fiel amiga Pepa, mi cómplice, gracias por tu apoyo incondicional. Sin ti tampoco hubiera sido posible. Y a Loli, que se convirtió en mi crítica sin pretenderlo.

A Javier Bermejo por comprenderme y animarme en todo momento, por estar ahí, simplemente. A Encarna que no sabrá nunca lo mucho que significa para mí.

A mi amiga Elizabeth Monfort, por su ayuda siempre incondicional. A Gracia, mi buena amiga Gracia una de las mejores personas que he conocido en mi vida. A mis hermanos José Luis, María José y Luis Ignacio porque cada uno a su manera ha contribuido a que esta ilusión que yo tenía desde hace mucho, pudiera hacerse realidad. A Enrique Romero y Chelo, mis profesor de literatura y Humanística del instituto, de quien guardo un bonito recuerdo, gracias por los consejos de hace mucho. A todos los profesores de Humanidades de la Universidad Jaime I, en especial a Joan Fransesc Mira, Santiago Fortuño, Rosalía Torrent, María Luisa Burguera, Inmaculada Badenes, Carles Rabassa, Víctor Mínguez, Salvador Cabedo y Carmen Corona. A todos. De cada uno aprendí siempre algo y me enseñaron a ser paciente y a confiar en mí; a valorarme. A todos vosotros quiero dedicaros este libro.

Gracias por el tiempo que le has dedicado a la lectura de mí novela *El último invierno*. Si te gustó este libro y lo has encontrado útil te estaría muy agradecida si dejas tu opinión en Amazon. Me ayudará a seguir escribiendo. Tu apoyo es muy importante. Leo todas las opiniones e intento dar un *feedback*. Si quieres contactar conmigo aquí tienes mi email:

encaratenea@hotmail.com

Made in the USA
Lexington, KY
06 November 2018